JE SUIS CATALAN
MAIS JE ME SOIGNE

Juan Milhau-Blay

JE SUIS CATALAN
MAIS JE ME SOIGNE

Dessins de Jaume Gubianas

À mes parents Carmen & Jaumet
À ma sœur Anna
À ma compagne Florència Ferrer
À la mémoire de ma iaia *Rosa*

À Jordi Vera pour la conscience qu'en peu de mots il m'a transmise

À Michel Feltin-Palas pour son travail en faveur des indigènes[1]

À Ramon Faura-Labat pour son aide et son engagement catalaniste

À Philippe Boula de Mareüil pour son aide et sa gravure de la parole

1. *Personnes appartenant à une population implantée dans un pays avant sa colonisation.* Centre National de Ressources Textuelles et Lexicales (2023).

Je crois à la vertu des petits peuples.
Je crois à la vertu du petit nombre.
Le monde sera sauvé par quelques-uns.

André Gide

Avant-propos

Quand les éditions Héliopoles m'ont proposé d'écrire *Je suis catalan mais je me soigne* – qu'elles en soient remerciées –, je ne me suis pas tout de suite senti légitime à le faire. D'abord parce que, si ma mère est bien Catalane, mon père, lui, est Occitan. Ensuite parce que je vis en Catalogne, certes, mais celle du nord[2]. C'est-à-dire une Catalogne colonisée et francisée, où les Catalans ont été minorisés et, pour la plupart, déconscientisés. Enfin parce que je parle mal le catalan et avec un accent rural qui fait marrer les bobos barcelonais. Bref: un pseudo-Catalan mauvais catalanophone et qui vit dans une Catalogne dénaturée, n'a pas à se préoccuper d'écrire un livre sur

2. Territoire annexé par la France en 1659, rebaptisé *Pyrénées-Orientales* en 1790, et intégré à la Région *Occitanie*, alors qu'il n'a rien à y faire, en 2015.

la catalanité. (D'ailleurs cet ouvrage dit moins ce qu'est la Catalogne que ce qu'elle n'est pas.)

Et puis, en me promenant sur la toile, je suis tombé sur une déclaration de Jordi Pujol, ancien président de la *Generalitat de Catalunya*[3] resté en fonction plus de vingt ans :

Est Catalan celui qui vit en Catalogne, qui a la volonté de l'être et qui se sent attaché à cette terre.

Une définition portée par un cacique de ce calibre devait avoir de la valeur... et je vis en Catalogne, j'ai la volonté d'être Catalan et je me sens très attaché à ce petit pays objectivement magnifique, grandiose et somptueux.

Ouais... bof...

En fait, le véritable argument, le voilà : je vais écrire ce livre parce qu'un jour, devant le consulat d'Espagne, j'ai décidé que j'en avais envie.

---

3. Gouvernement autonome de Catalogne.

Occitània
Andorra
Vall d'Aran
Catalunya del nord (Rosselló)
Perpinyà
Cap de Creus
Girona
CATALUNYA
Aragó
Franja de Ponent
Lleida
Barcelona
Tarragona
Mar Méditerrània
Delta de l'Ebre
País Valencià
Menorca
Mallorca
Palma de Mallorca
Eivissa
Illes Balears
Formentera

PREMIÈRE PARTIE

Résumé rigoureux de l'ethnogenèse catalane

1. Antiquité

Les proto-Catalans sont des Ibères, c'est-à-dire, entre autres choses, qu'ils ne sont pas Indo-européens[4]. Les Ibères sont installés depuis au moins trois mille ans sur la péninsule qui porte leur nom[5], et au-delà sur une large zone côtière qui s'étend des Pyrénées jusqu'au fleuve Hérault[6]. Pour de nombreux historiens, ils peuplent même les lieux depuis le néolithique, soit quatre mille ans de plus.

<u>Digression ibéro-françoise</u>

J'aime rappeler ce détail aux esprits supérieurs hexagonalistes: entre le Perthus et le Grau d'Agde (et même jusqu'à Mèze, qui a été fondée par des Ibères), c'est-à-dire

4. Indo-européens : Celtes, Germains, Grecs, Latins, Slaves...

5. Idem pour les Basques.

6. Au-delà, à l'est, il y a des Ligures jusqu'au nord de la cuissarde italique.

sur les départements actuels des Pyrénées-Orientales, de l'Aude et de l'Hérault, si tu t'appelles Dupont, Dubois ou de Gaulle, sache que tes ancêtres sont arrivés dans le coin très longtemps après ceux des Puigdemont, Blay (hé hé) et autres Garcia ou Rodriguez.

À partir du premier millénaire avant J.-C., les Ibères commencent à commercer avec diverses thalassocraties, notamment la Phénicie (actuel Liban) et l'Étrurie (Italie centrale). Puis avec les Grecs qui créent Rhódos, Emporion et Héméroskopéion (outre Massalía et Agathé Týché)[7]. Ces échanges sont commerciaux autant que culturels, au point que l'alphabet ibère devient greco-ibère vers -500. Et puis des gens savants racontent que le *συρτός* (*syrtos*) et le *πηδηχτος* (*pidichtos*), sont les lointains ancêtres du *contrapàs*, lui-même aïeul de la sardane. Mais, concernant l'héritage grec, les fantasmes sont légion.

La côte méditerranéenne de l'Ibérie passe quatre siècles dans la puissante sphère d'influence hellène. À peu près sur la même période, la moitié nord-ouest de la péninsule (à la truelle : au-dessus d'une ligne Huelva – Bilbao) voit arriver des tribus celtes. Cette migration produit un substrat

7. Roses, Empúries, Dénia, outre Marseille et Agde.

ethnique désigné par un mot-valise élémentaire : les Celtibères. (Mais y'avait quand même peu de chances qu'on les appelle les Sino-Helvètes.) Le sud de l'Ibérie, quant à lui, est conquis par les Carthaginois[8] en - 237, mais leur implantation ne dure qu'une trentaine d'années puisqu'en - 203 se produit un grand chamboulement : les Romains gagnent la Deuxième Guerre punique[9] et, emportés par leur élan, finissent par conquérir toute la péninsule. Une nouvelle vague migratoire augmente alors la population, puisque de nombreux groupes de colons, dont beaucoup de Juifs, suivent les légions romaines.

Comme à son habitude, Rome organise rigoureusement sa nouvelle acquisition qu'elle découpe en provinces : les Baléares, la Bétique (l'Andalousie), la Carthaginoise (en gros : le centre plus Murcie et Valence), la Galice (avec un bout du Portugal en plus), la Lusitanie (le Portugal moins le morceau évoqué juste avant et plus l'Estrémadure), et la Tarraconaise (tout le nord).

---

8. Phéniciens installés en Afrique du Nord et dont la capitale, Carthage, occupait un territoire qui est de nos jours celui d'un quartier de Tunis.
9. Guerres opposant Rome à Carthage.

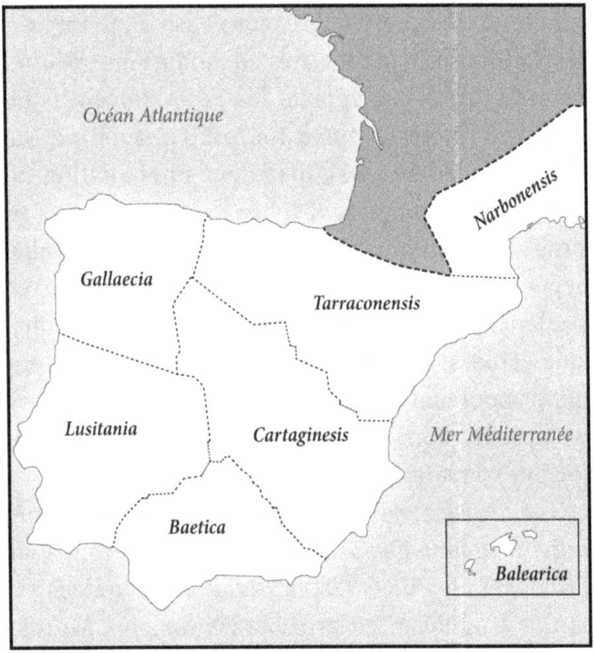

Ier siècle avant J.-C.

La Tarraconaise[10] est romanisée avant le reste de l'Hispanie[11] et cette romanisation est massive : démographique[12], culturelle, juridique... et religieuse (à l'exception des Juifs, la population est christianisée au IVe siècle).

10. Du nom de sa capitale, Tarraco, aujourd'hui Tarragone.

11. Nom que les Romains donnent à l'Ibérie.

12. Des villes sont créées ex nihilo pour loger les vétérans de la légion.

Réalisation notable des Romains en 10 avant J.-C.: l'agrandissement et la fortification d'un minuscule port ibère creusé deux mille ans plus tôt entre les deltas du Llobregat et du Besòs, une anse insalubre qui compte bien plus de moustiques que de pêcheurs: *Barcino*[13].

Durant les presque sept cents ans que passe la péninsule au sein de la République romaine, puis de l'Empire (à partir de - 27), à la suite de plusieurs restructurations territoriales, la Tarraconaise rétrécit. Et elle se retrouve à peu près dans les frontières de la Catalogne actuelle à la fin du IIIe siècle.

Au Ve, Rome décline et la Tarraconaise s'apprête à la quitter. C'est le temps des *invasions barbares*[14], les Wisigoths s'installent des Alpes jusqu'au fin fond de l'Hispanie, ils font partie de l'épais millefeuille ancestral des Catalans.

Digression françoise

Peut-être que d'éventuels lecteurs biberonnés à Astérix se disent: *D'accord, après sept siècles de domination, il faut bien parler des Romains... Mais, aujourd'hui, Perpignan est en France. Alors où sont les Gaulois ?*

... Les *quoi*?

13. Premier nom de Barcelone.

14. Expression romaine de plus en plus souvent remplacée par *migration des peuples*, une locution plus juste mais, convenons-en, moins savoureuse.

Avant d'être *Ostro* ou *Wisi*, les Goths *tout court* sont un peuple nomade du nord de l'Europe, un peu les Gitans de la Germanie septentrionale. Les historiens datent leur départ du Danemark au début du premier siècle. À ce moment-là, va savoir pourquoi, ils prennent leur baluchon et traversent la *plaine européenne* (Allemagne, Pologne, Ukraine) pour s'installer sur les jolies plages du Pont-Euxin.

Je dissipe de suite l'image du grand Germain aux yeux clairs, qui pourrait déstabiliser ceux qui connaissent le physique habituel des Catalans :

Ces nomades engageants et courtois se déplacent avec une armée en tête de cortège. (Les familles suivent dans des chariots encombrés de vaisselle, de linge de maison, de cochons de compagnie et de cockers à viande.) Et les soldats, c'est plus fort qu'eux, quand ils arrivent dans un village, ils pillent, tuent et crament à peu près tout le monde, sauf les femmes. Simple question pratique : ils ne cessent de se battre que pour se reproduire. (C'est pas pour rien que les Romains les appellent les *barbares*.) Bref : les Goths nomadisent de tueries en métissages et brunissent assez vite leurs gènes récessifs blondinets.

Après deux siècles d'errance sans grandes haltes, ils s'établissent donc sur la côte nord de la Mer Noire (aujourd'hui le sud de l'Ukraine), où vivent des peuples originaires d'Asie centrale (Cimmériens, Scythes et Sarmates), mais aussi des Grecs et des Romains[15] qui sont décidément partout. C'est là que les Goths fondent leur premier empire qui va vite s'étendre à l'est vers le Caucase et l'Asie Mineure, et à l'ouest vers les Balkans. Cette expansion entraîne leur scission en deux groupes : ceux qui restent et s'étendent à l'est, les Ostrogoths ; et ceux qui s'installent à l'ouest, en Dacie (actuelles Roumanie et Moldavie) : les Wisigoths.

À la fin du IVe siècle, tandis que l'Empire romain périclite lentement, celui des Wisigoths se fait soudainement botter le train par une armée de cavaliers nomades dont l'affabilité est légendaire : les Huns. Les Wisigoths reprennent alors leur baluchon et fuient encore plus à l'ouest. Au passage, ils pillent consciencieusement la Grèce, puis la péninsule italique. Leur armée prend d'ailleurs Rome le 24 août 410 (certains historiens considèrent que cette date marque la fin de l'Antiquité).

15. Les Slaves n'arriveront dans le coin que trois siècles plus tard.

2. Moyen Âge

Les Romains proposent alors aux Wisigoths de leur abandonner deux provinces, la Septimanie et la Novempopulanie[16]. En échange, ils les prient de ne jamais revenir à Rome et sollicitent leur aide dans la lutte qui les oppose à d'autres barbares installés au nord-ouest de l'Hispanie : les Suèves.

Les Wisigoths acceptent, posent leurs attachés-cases sur les territoires cédés par ce qui reste de l'Empire, puis, devenus sédentaires, ils décident d'agrandir le potager et conquièrent : la majeure partie de l'Hispanie, la Provence et la Gaule celtique jusqu'à la Loire. Ils créent ainsi le Royaume wisigoth, berceau des cultures catalane et occitane. Première capitale : Toulouse.

---

16. En gros : l'actuelle Occitanie administrative plus un bout de la Provence pour la Septimanie ; l'ancienne Aquitaine pour la Novempopulanie.

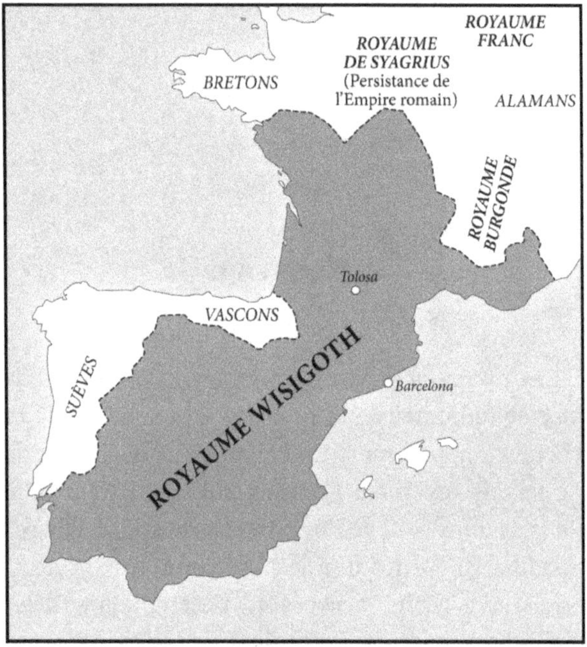

VIe siècle.

Cette carte est bien sûr introuvable dans les manuels scolaires français : montrer que les Francs étaient des autochtones de la Germanie inférieure quand d'autres peuples (non-Gaulois) vivaient dans ce qui est actuellement la France, ne colle pas avec le roman national.

La Tarraconaise fait partie des principales zones d'établissement des Wisigoths. Ils y développent fortement Barcelone qui devient le foyer de leur expansion en Hispanie. Leur implantation dans la région fait d'ailleurs du nom *Gothalonia* (pays des Goths) une étymologie plausible de « Catalogne ».

Mais le Royaume wisigoth ne conserve pas longtemps sa frontière au nord : des peuples de Germanie inférieure[17], fédérés sous le nom de « Francs », convoitent la riche activité commerciale méditerranéenne. À tel point qu'en 507, ils partent en campagne vers le sud. Ils commencent par conquérir un dernier morceau d'Empire romain au nord du Massif central : le territoire du général Syagrius (la célèbre histoire du Krug von Sexonas se déroule à ce moment-là), puis ils continuent vers le midi.

Alliés aux Auvergnats, les Wisigoths lancent alors leurs troupes vers le septentrion pour les arrêter. Et non seulement ils se font sévèrement tabasser à la bataille de Vouillé (près de Poitiers), mais en plus, durant les combats, Alarich II, le roi wisigoth, est occis par Chlodwig, le roi franc... Hum... Pardon : on doit dire *Clovis*, pas Chlodwig. Et prononcer *Le vase de Soissons* plutôt que : der Krug von Sexonas.

Suite à cette défaite, Le Royaume wisigoth se replie au sud du Massif central et choisit Narbonne comme capitale. Puis Barcelone, bien que la

17. Actuellement : Belgique, Pays-Bas et une partie de l'Allemagne.

Septimanie résiste encore aux Francs. Toujours plus vers le midi, Tolède prendra le relais ensuite.

Et puis, après trois siècles plutôt florissants, le Royaume part en cacahuète : en 711, les Sarrasins[18] passent les colonnes d'Hercule qui prennent le nom de *Djebel Tariq*[19], futur Gibraltar. (À l'occasion, Narbonne redevient la capitale wisigothique.) En tenaille entre les Francs (qui tiennent toujours à conquérir la Septimanie et la Provence), et les Sarrasins qui étendent leur emprise sur la péninsule, le Royaume wisigoth, miné de surcroît par des guerres de succession et des épidémies de peste, se morcelle et disparaît en 720[20], absorbé par L'Émirat d'Al Andalus qui prend sa place de l'Atlantique aux Alpes.

Digression sarrasine

Je tiens à signaler ici, à l'attention des brillants idéologues déjà mentionnés dans la digression ibéro-françoise de la page 15, que la Catalogne et le territoire connu

18. La population d'Afrique du Nord qui s'est installée en Hispanie était Berbère autant qu'Arabe. *Maure* désigne la population Arabo-Berbère du Maghreb, *Sarrasin* y ajoute celle d'Hispanie.

19. *La montagne de Tariq*, pour Tariq ibn Ziyad, le général qui a conduit la conquête de l'Hispanie.

20. Depuis quelques décennies, les Wisigoths sont réhabilités par les historiens : ils n'étaient peut-être pas si barbares que ça, et leur héritage culturel semble conséquent.

aujourd'hui sous le nom d'*Occitanie administrative* sont devenus des provinces sarrasines avant qu'un de leurs habitants n'ait aperçu la blonde carafe d'un Franc. (Une étude génétique menée à l'université de Leicester indique que 19,8 % des habitants de la péninsule ibérique ont des ancêtres juifs sépharades, et 10,6 %, des ancêtres arabes – quasiment pareil pour la population du Sud de la France[21], c'est-à-dire la partie sous *l'isoglosse du fromage et du vin.*) Et j'ajoute, toujours pour parfaire l'éducation de ces intellectuels monochromes, qu'il y a dix fois plus de mots arabes que gaulois dans la langue française.

C'est en 716 que la Tarraconaise est occupée par les Sarrasins[22]. Et elle ne va rester qu'un petit siècle au sein de l'émirat : à la fin du VIIIe, les Francs, menés par Karl von Herstal, conquièrent... Hum... pardon, j'ai fait une rechute germanique. Chlodwig n'est pas le seul à être passé au stand maquillage... Je voulais dire : les Francs, menés par Charlemagne, conquièrent la majeure partie de

21. Voir Références média p. 243.
22. Astronomie, algèbre, médecine... C'est connu, la civilisation d'Al andalous est brillante. Mais tout n'est pas rose pour autant dans l'Émirat : si les religions autres que l'Islam y sont tolérées, les *dhimmis* (non-musulmans) y souffrent de discriminations. La *djizîat*, par exemple, un impôt par capitation, réduit les Chrétiens et les Juifs des régions pauvres à choisir entre misère et conversion à l'Islam.

l'Europe occidentale (ils peuvent enfin se baigner à Lloret de Mar).

Entre 785 (prise de Gérone) et 801 (prise de Barcelone), ils envahissent la future Catalogne qu'ils rebaptisent *Marche d'Hispanie*, et changent les provinces wisigo-sarrasines en comtés: *Barcelona, Cerdanya, Empúries, Girona, Osona, Pallars, Ribagorça, Rosselló*[23] et *Urgell*. Des comtes francs sont nommés par Karl... par Charlemagne[24] pour les diriger, mais leur autorité est contestée par l'aristocratie indigène et notamment par le terrible Guilfred de Barcelone, surnommé *Guilfred le velu* à cause du burn-out de son esthéticienne.

Guilfred le velu est le premier comte de Barcelone, son règne, marqué par une farouche opposition aux Francs, fonde la conscience nationale catalane. Je passe sur la légende des *quatre barres de sang* qui raconte l'apparition de la *senyera* (drapeau catalan), puisque ce genre de fable n'a rien à faire dans un ouvrage pétri de rigueur scientifique comme celui-ci.

À la suite de Guilfred le velu, les comtes de Barcelone s'affranchissent de plus en plus des

---

23. Roussillon. Autre nom de la Catalogne du Nord, dérivé du nom d'un oppidum ibère près de Perpignan : *Ruscino*.

24. Je reviens sur ce héros si français aux pages 125 et suivantes.

Français[25], jusqu'à devenir indépendants et plus puissants que les rois de France. Par exemple : Raimond Bérenger II dit *Le Fratricide* (tout ça parce qu'il a tué son frère... les gens sont méchants) est un éminent souverain qui s'oppose autant aux Sarrasins qu'au Cid au sud, tout en régnant au nord sur un territoire qui s'étend jusqu'en Provence.

Raimond Bérenger IV, quant à lui, a la bonne idée d'épouser la pétulante Pétronille, héritière du roi d'Aragon. Cette union catalano-aragonaise va permettre la création de la *Couronne d'Aragon*, une fédération d'états autonomes qui devient la première puissance de Méditerranée grâce à la flotte catalane. Outre le Royaume d'Aragon et la Principauté de Catalogne, le duché d'Athènes, les royaumes de Majorque (capitale : Perpignan), Valence, Naples, Sardaigne, Sicile, et la seigneurie de Montpellier, intègrent cette union dynastique, mais chacun de ces États y conserve son parlement, sa fiscalité et sa monnaie.

---

25. En 843, à la mort de *Louis 1er* (en vrai : Ludwig der Fromme, fils de Karl von Herstal) l'Empire carolingien est partagé entre ses trois enfants : *Lothaire Ier* (Lothar I), *Louis II le Germanique* (Ludwig der Deutsche) et *Charles II le Chauve* (Karl der Kahle). *Charles* hérite de la partie occidentale du territoire : la Francie. À partir de cette date, le nom des Francs occidentaux va lentement évoluer et se changer en « François » puis « Français », comme celui de « France » va petit à petit se substituer à « Francie ».

En 1173, le successeur de Raimond Bérenger IV, Alphonse II, Roi d'Aragon, Comte de Barcelone, de Gérone, du Roussillon, de Provence, de Tatooine, d'Aldorande, etc., fait compiler des extraits du droit romain, du *Liber Judiciorum* (recueil législatif du Royaume wisigoth) et du *Liber feudorum maior* (cartulaire de la maison comtale de Barcelone), dans un code juridique appelé *Usatges de Barcelona*, qui jette les bases d'un droit commun à tous ses territoires. Un siècle plus tard, en 1283, ce texte permet aux *Corts catalanes* (plus vieux parlement d'Europe) de produire la première constitution de Catalogne, la troisième du continent après les *Fòrs de Bearn* (1080) et la *Magna Carta* d'Angleterre (1215)[26]. Un des articles de cette constitution précise qu'avant d'être couronné, chaque nouveau souverain doit se présenter devant le président des *Corts Catalanes* qui l'avertit :

Nous qui séparés valons autant que vous, et qui unis valons bien davantage, nous vous faisons roi à condition que vous respectiez nos Usatges. *Sinon, non.*

On reconnaît bien là l'insupportable obscurantisme médiéval catalan. Alors que de nos jours,

26. Bien plus tard viendront les constitutions de : Saint-Marin (1600 – toujours en vigueur), Suède (1720), Corse (1755 – qui inspirera celle des États-Unis), Pologne (mai 1791), France (septembre 1791), Suisse (1803), Espagne (1812)...

dans la constitution d'une monarchie moderne et éclairée comme celle de l'Espagne (exemple pris au hasard) on trouve ceci à l'article 56:

La personne du roi d'Espagne est inviolable et irresponsable.

Et ça à l'article 57:

La Couronne d'Espagne est héréditaire pour les successeurs de Sa Majesté Juan Carlos I de Bourbon, héritier légitime de la dynastie historique.

Les siècles suivants voient progresser deux puissances limitrophes de la Catalogne: la Castille qui se répand pour devenir l'Espagne, et la Francie qui s'étale pour devenir la France. La conscience nationale des Catalans, née de leur opposition aux Francs, aux Castillans et aux Sarrasins, va s'épanouir en résistant à ces deux Royaumes, dont les ambitions territoriales ne sont pas sans effet.

Par exemple: en 1285, la population d'Elne, capitale de la Catalogne du Nord, se soulève contre les Français qui ont envahi la ville à l'occasion de la méconnue Croisade d'Aragon. En représailles, les troupes françaises, menées par le Roi Philippe III dit *le Hardi* (quelle rigolade), massacrent les Illibériens[27] sans distinction: vieux, femmes et enfants compris

27. Habitants d'Elne, du nom romain de la ville: *Illiberis*.

(et même un cocker dépressif au regard très doux). Puis, soucieux du travail bien fait, ces Français conviviaux brûlent les survivants qui s'étaient réfugiés dans la cathédrale. Suite à ce plaisant carnage, Elne perd son statut de capitale nord-catalane au profit de Perpignan. Ce qui permet à cette dernière de goûter à son tour, deux cents ans plus tard et pendant une dizaine d'années, aux gracieusetés de l'occupation française : à la fin d'un siège sponsorisé par *weight watchers*, la ville exsangue se rend mais gagne son titre de *Fidelíssima* à la couronne d'Aragon.

Digression préfectorale

Les François peinent visiblement à se satisfaire de ces glorieuses opérations, puisque Yohann Marcon (né à Nantes), illustrissime sous-préfet intérimaire adjoint du sous-arrondissement inférieur de Perpignan, a saisi le tribunal administratif le 20 septembre 2022 afin d'empêcher les élus d'Elne, mais aussi Amélie-les-Bains, Port-Vendres, Saint-André et Tarerach, de présenter leurs délibérations en catalan...

Ces indigènes, ma pauv' dame, c'est du chiendent : impossible de s'en débarrasser.

La Castille n'est pas en reste puisque, après une guerre chaleureuse et amicale pour la succession au trône d'Aragon, c'est un Castillan, Ferdinand Ier, qui colle ses miches sur le fauteuil royal en 1412. La nature fédérale de l'union pactiste[28] aragonaise s'estompe sous son règne, qui est inspiré de l'absolutisme castillan. D'ailleurs, un demi-siècle après son sacre, son fils cadet, Juan II (qui prend la place de son frère Alphonse, mort d'une décapitation mal soignée) déclenche une guerre civile bienveillante visant à supprimer l'indépendance de la Catalogne. Une décennie de câlins plus tard, en 1472, il parvient à ses fins : Barcelone capitule après un an de siège. La voie est ainsi ouverte à l'annexion de la couronne d'Aragon par celle de Castille.

Cet *anschluss* a été initié lors du mariage secret et éminemment politique, en 1469, du fils de Juan II : Ferdinand le Catholique, avec Isabelle de Castille, dite la Catholique aussi (mais y'avait quand même peu de chance qu'on l'appelle la Confucianiste hermétique). En 1479, sept ans après la capitulation catalane et dix après ce mariage, l'unification politique de l'Espagne est actée. Pour autant, elle n'est pas effective : les royaumes de Castille et d'Aragon conservent leurs institutions et leurs lois propres, et leurs territoires sont séparés par une frontière douanière. Le pays s'appelle

28. Organisation dans laquelle l'autorité politique est partagée entre plusieurs entités liées par des pactes, ce qui empêche toute concentration absolutiste du pouvoir.

néanmoins la *Monarchie catholique espagnole*. Il s'agit d'un coin sympa où la *Reconquista* est en train de s'achever (c'est-à-dire le bannissement – cher à Aryk Zemmour – et le lynchage de Musulmans autochtones depuis sept siècles, mais aussi ceux de Juifs vivant sur place depuis l'époque romaine préchrétienne) ; un endroit, disais-je, où la douce Inquisition[29] est restaurée et où Cristoforo Colombo commence tranquillement à gréer ses caraques pour décimer un continent. Une belle réalisation, quoi...

29. L'inquisition est créée en 1199 par le pape Innocent III pour éradiquer le Catharisme occitan avec l'aide des barons français. Elle cesse d'exister au début du XVe. Ferdinand II la rétablit en 1478. Cette nouvelle version de l'institution s'en prend aussi aux Juifs, aux Musulmans, aux Protestants... bref, à tous ceux qui n'ont pas le bon goût d'être catholiques (mais plus aux Cathares, bien sûr, puisqu'ils ont été génocidés deux siècles plus tôt).

3. Renaissance

Des tas d'historiens situent la fin du Moyen Âge treize ans plus tard, quand le gentil Cricri Colombo *découvre* l'Amérique à peine cinq siècles après Érik le Rouge et ses copains vikings. La scène est célèbre, je la restitue ici avec la plus grande précision dans une...

Digression amère indienne

Au matin du 12 octobre 1492, un soleil froid dissipe lentement les passementeries brumeuses qui masquent un horizon rêvé au-dessus des sombres flots atlantiques... Soudain, sur la hune de la Santa-María[30], un cri déchire le presque silence nimbant le navire à cette heure blafarde :

Terre, les mecs ! Y'a des Indiens à buter et leurs pétasses à violer pour la plus grande gloire de Dieu et des Rois Catholiques d'Espagne !

---

30. Un des trois navires (avec la Niña et la Pinta) de l'expédition de Christophe Colomb en Amérique.

Cette date cocasse qui annonce le début d'une des plus grosses rigolades de l'Histoire – à savoir la disparition de 90 %[31] de la population amérindienne – marque en outre, à partir de 1958, celle de *la Fête de l'hispanité*, dite aussi *Fête de la Race* par la grâce du tendre dictateur Francisco Franco (FDLGP)[32].

En août [2022], *Felipe VI, roi d'Espagne, a assisté à l'investiture du nouveau président colombien, Gustavo Petro. Au cours de la cérémonie, l'épée de Simón Bolívar* [...] *symbole de la lutte pour l'indépendance des États d'Amérique latine, a été présentée. Felipe VI* [...] *est le seul dignitaire qui ne s'est pas levé pour saluer l'épée. De même, en 2019, le président mexicain Andrés Manuel López Obrador a envoyé une lettre à Felipe VI et une autre au pape François, exigeant qu'ils présentent des excuses aux peuples autochtones pour les violations des droits humains commises par le colonialisme. En réponse, le gouvernement espagnol a déclaré qu'il « regrette profondément » la publication de la lettre et qu'il « rejette fermement » les arguments présentés. Ces*

31. La plupart des victimes ont succombé à des maladies importées par les conquistadors, mais ces derniers restent tout de même des artistes du coupe-coupe.

32. Je prie celles et ceux qui ignorent la signification de ce sigle d'accepter mes excuses et de patienter un peu, je m'en expliquerai bientôt.

exemples cristallisent les logiques colonisatrices des institutions étatiques espagnoles.[33]

L'Espagne devenue incroyablement, spectaculairement, fabuleusement démocratique en 1978 sous le nom de Royaume (national-catholique) d'Espagne, décide, en 1981, que cette date maudite du 12 octobre sera finalement celle de la fête nationale… Un peu comme si le 14 juin se substituait au 14 juillet en France, sachant que c'est le 14 juin 1830 qu'a débuté la conquête de l'Algérie[34].

Nous, les Catalans, nous sommes paradoxaux. Quand on nous parle de la colonisation de l'Amérique, à laquelle nos ancêtres ont malheureusement pris part, nous avons aujourd'hui tendance à nous sentir proches des Amérindiens… Le fait que les españolistes nous bleuissent le portrait à coups de talon depuis mille ans y serait-il pour quelque chose ?

Quoi qu'il en soit, pour ce qui me concerne et malgré mes nationalités française et espagnole (en attendant la catalane) :

---

33. Carles Fernandez-Torne et Pablo Ouziel (5 décembre 2022) *Démocratiser et décoloniser l'Espagne : les limites de la nouvelle loi sur la mémoire.* Justiceinfo.net Voir Références média p. 243.

34. Cela dit, entre 1830 et 1848 (Monarchie de juillet), l'armée française n'a massacré qu'un demi-million d'Algériens, soit à peine un tiers des indigènes à l'époque. C'est pas du boulot… Convenons-en : les Français n'ont pas démérité, mais les Espagnols ont clairement plié le match des ordures coloniales.

El 12 de octubre, no hay nada que celebrar[35]. Pas plus que le 14 juillet.

Durant les siècles suivants, plusieurs conflits opposent la Catalogne à ses voisins. Et la question de l'indépendance se pose toujours en toile de fond.

La Guerre des faucheurs[36] (1640 - 1659), par exemple, est l'occasion pour Pau Claris, le président de la *Generalitat de Catalunya*, de proclamer, en 1641 (cent cinquante ans avant la France et deux cent trente avant l'Espagne), la première République catalane[37]. Pour y parvenir, il demande son aide au roi de France, qui accepte de lui donner la main. Ensemble, ils repoussent les troupes espagnoles qui, comme d'habitude, ont envahi la Catalogne révoltée pour la soumettre. Hélas, après cette victoire, la Première république de Catalogne, qui vient juste de quitter le Royaume d'Espagne, se retrouve sous... souveraineté française. Pas moyen d'être peinard...

Cette Guerre des faucheurs s'inscrit dans le cadre de la boucherie-triperie franco-espagnole

35. Le 12 octobre, il n'y a rien à fêter.

36. Thème de l'hymne officiel catalan : *Els Segadors* (Les Faucheurs).

37. D'autres proclamations suivront qui se solderont chaque fois par un brutal asservissement de la République catalane par le Royaume d'Espagne : 1873, 1931, 1934 et 2017.

qui trouve son issue le 7 novembre 1659 grâce au Traité des Pyrénées. Ce texte déclare la paix entre les royaumes et la scission de la Catalogne en deux territoires : un au sud des Pyrénées, annexé par l'Espagne ; un autre au nord, annexé par la France. Les Catalans, évidemment, n'ont pas leur mot à dire à propos de cette partition de leur pays.

Au XVIIIe, une nouvelle guerre de succession rougit l'Espagne. Charles II, consanguin, débile, rachitique, syphilitique congénital, impuissant et avec un menton en galoche pointure 46, meurt curieusement sans descendance. Qui va remplacer ce majestueux souverain ? Un membre (comme le joli Charles) de la dynastie des Habsbourg, la maison d'Autriche ? Ou un de la dynastie des Bourbons, la maison de France ?... Hélas, au lieu de jouer ça au poker ou au strip-curling comme les honnêtes gens, les Royaumes de France et d'Espagne coalisés (pour une fois !) ainsi que leurs ennemis de la Couronne d'Aragon et leurs alliés[38], décident d'envoyer à nouveau leurs gueux sur les champs de bataille. Les Catalans, comme d'habitude, auraient aimé que leurs voisins les laissassent en paix (la

38. Saint-Empire, Archiduché d'Autriche, Royaume de Prusse, Grande-Bretagne, Duché de Savoie, Provinces-Unies (futurs Pays-Bas), Royaume du Portugal, Camisards (Occitans protestants cévenols).

concordance détend), mais la situation les oblige à faire un choix. Voilà : le Bourbon Philippe V, petit-fils de Louis XIV (l'État, c'est lui), étant très centralisateur comme son papé, les Catalans décident de prendre le parti des Habsbourg, espérant ainsi un peu d'indépendance. Et puis s'opposer aux Espagnols et aux Français, ils en ont l'habitude. Mauvaise pioche : la maison d'Autriche prend une tannée et, après un nouveau siège d'un an durant lequel même les cockers finissent au barbecue, Barcelone tombe dans l'escarcelle des Bourbons le 11 septembre 1714[39]. *Philippe V de Bourbon Fils de France* monte alors sur le trône d'Espagne, bien décidé à faire payer leurs alliances aux Catalans. Il instaure donc, à la mode française, une monarchie absolue et centralisée qui, en rendant les décrets de *Nueva Planta*, abolit les institutions catalanes, impose le castillan comme langue administrative et, au bout du compte, noie des rêves émancipateurs légitimes dans le sang des insurgés versé aux pieds des remparts héroïques de Barcelone... Oui, je sais... mais j'avais pas encore eu l'occasion d'être lyrique et j'ai trouvé que c'était un bon endroit pour

39. Barcelone a été assiégée treize fois dans son histoire. En ce qui concerne cette ultime reddition du 11 septembre 1714 : à chaque match disputé au *Camp Nou*, lorsque le chronomètre indique 17 : 14, les spectateurs crient : *In ! – Inde ! – Independència !*

m'y mettre. Bref : cette fois, oui, l'unité politique de l'Espagne est effective. Quel bonheur...

Depuis, tous les 11 septembre, au lieu de commémorer l'assassinat de Salvador Allende comme le reste du monde, les Catalans rappellent leur douloureuse défaite lors de la *Diada Nacional de Catalunya*[40].

Digression royale

Philippe V de Bourbon est l'arrière-arrière-arrière-arrière-arrière-arrière-arrière-grand-père de l'actuel Philippe VI, de Bourbon aussi. (Mais y'avait quand même peu de chances qu'on l'appelle Philippe VI de *Whisky Coca*.) Voici la lignée dans le détail :

Philippe V, petit-fils du consanguin Louis XIV, a pour fils Charles III, qui est lui-même père de :

– Charles IV qui épouse sa cousine. De leur union naît :

– Ferdinand VII qui épouse sa nièce. De leur union naît :

– Isabelle II qui épouse son cousin. De leur union naît :

– Alphonse XII qui épouse sa cousine. De leur union naît :

– Alphonse XIII. À son propos : les gens normaux sont censés compter 1 024 ancêtres différents à la dixième génération. Lui n'en a que 111 (record mondial d'endogamie[41]) et ses oreilles sont décollées. Il a pour fils :

---

40. Cette journée est aussi l'occasion de manifestations indépendantistes qui ont déjà réuni plus d'un million de personnes à Barcelone.

41. Jean-Louis Beaucarnot (2021) *Quoi de neuf dans la famille*. Buchet-Chastel. p. 97.

– Juan III qui épouse sa cousine. De leur union naît :

– Juan Carlos Ier, père du flamboyant Philippe VI qui règne donc aujourd'hui.

Y'a pas à tanguer de l'arrière-train : depuis le XVIIIe siècle, le trône d'Espagne est occupé par une longue lignée de Français dégénérés. D'ailleurs, la maman de Fifi VI lui a fait les escalopes à l'équerre, et chaque fois que je le vois parler à la télé, j'ai peur qu'il se bave sur la liquette.

Toujours au début du XVIIIe, de l'autre côté des Pyrénées, Louis XIV (qui n'avait que quatre arrière-grands-parents et des paraboles en saillie) interdit la langue catalane en Roussillon. Ce bon Roi Soleil, celui-là même qui révoque l'édit de Nantes, qui fonde la *Compagnie du Sénégal* pour organiser le commerce des esclaves et qui met l'Europe a feu et à sang pendant les soixante-douze ans de son règne, fait publier cet édit le 2 avril 1700 :

[...] *les Procédures des Justices Subalternes desdits Païs* [Catalogne du Nord], *les Délibérations des Magistrats des Villes, les Actes des Notaires & autres Actes publics, ont continué à y être couchés en Langue Catalane, par un usage que l'habitude seule a autorisé : Mais comme outre que cet usage répugne & est en quelque façon contraire à Notre Autorité, à l'honneur de la Nation françoise & même à l'inclination des Habitants desdits Païs* [...]

Nous, les Catalans, on n'est pas intelligents. *Som burros*[42]. La preuve : on continue à utiliser le catalan contre notre propre inclination. Heureusement que les Français sont là pour nous donner une langue qu'on aime bien (et que pourtant on n'avait jamais pensé à utiliser) et qui, surtout, ne *répugne pas à leur honneur*.

Conscient de ce que subissent les Catalans coincés entre le martel et l'enclume, Voltaire écrit ceci un demi-siècle plus tard :

La Catalogne est un des pays les plus fertiles de la terre, et des plus heureusement situés. Autant arrosée de belles rivières, de ruisseaux et de fontaines, que la vieille et la nouvelle Castille en sont dénuées, elle produit tout ce qui est nécessaire aux besoins de l'homme, et tout ce qui peut flatter ses désirs en arbres, en blés, en fruits, en légumes de toute espèce.

Barcelone est un des plus beaux ports de l'Europe, et le pays fournit tout pour la construction des navires. Ses montagnes sont remplies de carrières de marbre, de jaspe, de cristal de roche ; on y trouve même beaucoup de pierres précieuses. Les mines de fer, d'étain, de plomb, d'alun, de vitriol, y sont abondantes : la côte orientale produit du corail.

42. On est des ânes.

La Catalogne enfin peut se passer de l'univers entier, et ses voisins ne peuvent se passer d'elle.[43]

Malheureusement, Voltaire n'était pas qu'un écrivain talentueux. Il était aussi un marchand d'armes affligeant de racisme... Mais je tiens à cajoler ma mauvaise foi en séparant l'homme de l'artiste : Voltaire n'a pas écrit que des conneries... surtout s'agissant de la Catalogne.

Fin XVIIIe, à la suite de la Révolution française, la Catalogne du Nord perd son nom pour devenir, sous la dictée des jacobins ethnocidaires[44], le département des Pyrénées-Orientales. Le long travail de colonisation entamé par Louis XIV gagne en intensité, la *Terreur linguistique* accompagne la *Terreur* tout court. À l'époque *il fallait, pour être un bon républicain, parler français* [...] *parler français apparaissait à tous comme une façon, et non des moindres, d'être patriote.*[45]

Le message de l'Assemblée aux provinciaux était donc en gros le suivant : *Si tu n'abandonnes pas*

---

43. Voltaire (1751) *Le siècle de Louis XIV.*

44. L'ethnocide est le remplacement d'une culture par une autre, généralement coloniale. [...] *le génocide assassine les peuples dans leur corps, l'ethnocide les tue dans leur esprit.*
Pierre Clastres (1974) *De l'Ethnocide.* Revue L'Homme, tome XIV n° 3-4. p. 102.

45. Louis-Jean Calvet (1974) *Linguistique et colonialisme.* Payot. p. 214.

ta langue et ta culture au profit de celles d'Île-de-France, tu es forcément un royaliste, un obscurantiste, un ennemi à la solde de l'étranger, etc.[46]

Ma modeste personne est la preuve que ce raisonnement est juste : je suis en effet très attaché à la culture catalane et les pages précédentes, comme celles qui suivent, démontrent sans équivoque mon royalisme exacerbé et l'ardeur de ma foi chrétienne. J'ai ainsi intensément ressenti mon attachement (typiquement catalan) aux sceptres et couronnes le 08 septembre 2022, alors que je repassais la première partie de cet ouvrage pour m'assurer qu'il obtiendrait le label : *Garanti sans « du coup » ni « en même temps »*. Ce jour-là, les réseaux sociaux m'ont appris que la quiche de Buckingham, ce frais symbole de l'impérialisme anglais dont le fils est *king size* des étagères à mégots, s'était refroidie presque un siècle après sa sortie du four. Eh bien cette nouvelle m'a plongé dans un profond désarroi, un abîme émotionnel que je n'avais sondé qu'une fois jusqu'ici : quand on m'a annoncé que le cocker de ma tante Hortense avait perdu Sophie, sa girafe en plastique qui couine.

46. Deux cent trente ans plus tard, il m'arrive de rencontrer des jacobins persuadés que cette absurdité raciste est fondée...

Puisqu'on parle de cabot: c'est à cause d'un des décrets colonialistes promulgués lors de la *Terreur* que la montagne sacrée des Catalans, *el Canigó*, s'est retrouvée avec un nom qui, plus tard, est aussi devenu celui d'une marque de pâtée pour clebs sans que grand monde ne s'en émeuve (en plus, le cocker à tata il préfère Frolic).

4. Époque contemporaine

J'entame ce paragraphe en évoquant rapidement un pacifiste en chemise à fleurs dont l'Empire a inauguré le XIXe, et qui est encore aujourd'hui une star chez les hexagonalistes :

Napulione Buonaparte cesse d'être corse et devient le français *Napoléon Bonaparte* lorsqu'il quitte les partisans de Pasquale Paoli[47] pour être élu, à Valence, président du Club des jacobins.

Pasquale Paoli déteste Napoléon (en 1793, alors qu'il est *Commandant de l'île*, Paoli fait condamner la famille Buonaparte à *l'infamie et à l'exécration perpétuelles*) et il a raison de l'avoir en horreur. Ce

47. Homme politique et philosophe corse. Rédacteur de la constitution de l'île (1755), la première à reconnaître (sous condition) le droit de vote des femmes, il est aussi l'inspirateur du mouvement des Fils de la liberté (*Sons of Liberty*), qui a lutté pour l'Indépendance des États-Unis face à l'Angleterre. Cinq villes des États-Unis portent le nom de Paoli.

type s'avère être un expansionniste frénétique et un meurtrier de masse qui, au cours de sa carrière :

- rétablit l'esclavage et la traite[48] ;
- massacre des milliers d'Haïtiens insurgés (gazés au dioxyde de soufre dans les cales de ses navires ou dévorés vivants par des chiens)[49] ;
- donne aux femmes un statut de mineures sous tutelle de leur mari[50] ;
- instaure l'inégalité juridique des Juifs[51] ;
- et, plus encore que d'autres psychopathes français, de Chlodwig à Pétain en passant par Louis XIV et Robespierre (pardon pour les omissions dans cet aréopage de hippies délicats), envoie des quidams ordinaires ad patres par millions.[52] (Là, je suis à deux doigts de me faire un point *G* – pas Gräfenberg, Godwin.)

À son apogée, l'empire de ce poète à la baïonnette comprend la quasi-totalité de l'Europe. L'Espagne devient un royaume vassal de la France à la tête duquel il place son frère Joseph (antipaoliste acharné), Barcelone n'est plus que la préfecture

48. Loi du 30 Floréal an X (20 mai 1802).

49. Claude Ribbe (2005) *Le crime de Napoléon*. Éditions Privé. p. 25.

50. Code civil (1804) Titre III, section II, article 1124.

51. Le décret du 17 mars 1808 qui établit cette inégalité a été surnommé le *décret infâme*.

52. Des estimations difficiles annoncent entre 3 et 7 millions de victimes civiles et militaires causées par les guerres napoléoniennes.

du département de Montserrat, et Gérone (10 000 morts (!) lors du siège de la ville), celle du Ter[53]. Heureusement, le règne de cet esthète des boyaux aériens ne dure pas : en 1814, Ferdinand VII est restauré sur le trône d'Espagne... ce qui fait une belle guibolle aux Catalans puisque le Royaume en profite pour redevenir une monarchie absolue et centralisée dans laquelle, de surcroît, la riante Inquisition catholique est rétablie (Napoléon l'avait supprimée, c'est une des rares bonnes choses qu'il ait faites).

Le reste du XIXe est confus en Espagne. Insurrections, crises dynastiques, première dictature, révolution, première république... Le pays rate le début de la révolution industrielle et finit de perdre ses colonies sud-américaines en 1898 (il était temps). Seuls le Pays-Basque et la Catalogne s'affranchissent du marasme espagnol grâce à quelques manufactures performantes (textiles avant tout) et au *Modernisme catalan*[54] qui stimule le développement urbain. Les villes grandissent, Barcelone devient le premier port de Méditerranée, sa taille est multipliée par vingt en quelques décennies. Madrid, peu développée et

53. Nom d'un fleuve : toponymisation hydronymique délibérément mémoricide, comme d'habitude depuis la révolution de 1789.

54. Mouvement socioculturel, économique et technique, qui débute au milieu du XIXe.

cramponnée à des acquis centralistes obsolètes, supporte mal la situation. Sa bourgeoisie, catholique et réactionnaire, est ulcérée par la (relative) prospérité catalane et le succès d'un mouvement qui se dit *moderniste*. Elle cultive sa rancœur séculaire envers la Catalogne, ce qui bien sûr aura des conséquences.

Dans le sud de l'Espagne, la misère, paysanne autant qu'ouvrière, attise la diffusion d'idées anarchistes qui se répandent à peu près partout. Des groupes comme la *Federació de Treballadors de la Regió Espanyola* à Barcelone, ou *La Mano negra* en Andalousie, font monter la pression sociale vers la fin du siècle. Elles sont les racines de la SO et de la CNT[55], des organisations qui militent, entre autres, pour la collectivisation des terres, et qui connaissent un triomphe populaire durant le premier tiers du XXe. Ce qui n'arrange pas vraiment l'humeur de la bourgeoisie...

Nombre d'artistes marquent le *Modernisme* catalan. Des peintres, des sculpteurs, des architectes... Le plus célèbre d'entre eux est bien sûr le catalaniste Antoni Gaudí, créateur de la *Sagrada família* (début du chantier – inachevé – en 1882),

55. *Solidaridad Obrera* ; *Confederación Nacional del Trabajo*.

classée au patrimoine mondial de l'Unesco avec cinq autres œuvres de l'artiste.

Ce développement moderniste se confond avec la *Renaissance catalane*, un mouvement commencé au début du XIXe et qui promeut un renouveau culturel et politique. Comme pour toute chose en Catalogne, le sentiment national et la volonté d'émancipation ne sont jamais loin.

Pendant ce temps, passablement à la bourre sur l'Espagne, la France colonise outre-mer. Avec l'avènement de la IIIe République (1870), le rouleau compresseur ethnocidaire français va monter en puissance et formater des peuples vivant sur douze millions de kilomètres carrés. Le mépris des cultures autres que française va s'épanouir dans un cadre fabriqué spécialement pour lui : *l'Instruction publique*[56]. Seul le français est toléré dans les établissements scolaires, et parler autre chose, même dans la cour de récréation, est sévèrement puni par les *hussards noirs de la République* (instituteurs). Et, évidemment, sans maîtrise de la langue française, il est impossible de monter dans l'ascenseur social, le liftier est intraitable.

---

56. Le ministère de l'Instruction publique ne deviendra celui de l'Éducation nationale qu'en 1932.

Quand il s'agit d'école et de colonies, on ne peut pas faire l'impasse sur un héros de la Troisième République dont le blase macule les frontons de bien des boîtes à minots : Jules Ferry.

C'est un réflexe chez les Français : dès qu'on prononce son nom, ils pensent *école gratuite et obligatoire*. Or, la formule est tronquée, il manque « primaire » à côté d'« école », puisque les lycées et les universités sont payants à l'époque, et le seront jusqu'en 1935. Grâce à l'Instruction publique de Ferry, les fils de gueux apprennent donc gracieusement à lire, écrire (uniquement le français bien sûr) et compter, ce qui permet d'en faire de bons fonctionnaires et des employés efficaces. Dans des établissements séparés, les filles de prolos et de paysans, elles, apprennent surtout à faire le ménage et la cuisine. Bref : seuls les enfants mâles de bourgeois ont les moyens d'accéder à la fac, là où l'élite est formée. (Ferry est fils de rupins lui-même.) En ça, Ferry est un bon lecteur de Voltaire qui a écrit ceci au siècle précédent :

L'esprit d'une nation réside toujours dans le petit nombre qui fait travailler le grand, est nourri par lui et le gouverne.[57]

57. Voltaire (1756) *Essai sur les mœurs et l'esprit des nations.*

Les gosses de pauvres apprennent aussi, grâce à cette entreprise philanthropique d'endoctrinement, quelques inepties civico-historiques indispensables à la formation de soldats fiers de se faire désentripailler pour les bourgeois et sous leurs ordres. Y'a pas à osciller du croupion : cette école primaire gratuite et obligatoire est un bon investissement économico-cocardier.

[...] *la guerre mondiale fut essentiellement l'œuvre des hommes d'argent.* [...]

Ainsi, ceux qui moururent dans cette guerre ne surent pas pourquoi ils mourraient. [...]

On croit mourir pour la patrie, on meurt pour des industriels.[58]

Bien sûr, cette excellente éducation n'affecte pas que la Catalogne du Nord : c'est de Dunkerque à Libreville que les minots apprennent que leurs ancêtres étaient Gaulois, que les Romains les ont battus à Alésia mais que c'est pas grave parce que les Romains, tout compte fait, ils étaient bien gentils, mais que pour autant ils ne sont pas leurs ancêtres et que les Francs ne sont pas leurs ancêtres non plus puisque ce sont les Gaulois, et puis que les Francs sont juste des Français et surtout pas

58. Anatole France (18 juillet 1922) *On croit mourir pour la patrie, on meurt pour des industriels – Lettre à Marcel Cachin.* L'Humanité n° 6688. p. 1.

des Germains parce que les Allemands sont des méchants qui ont volé l'Alsace et la Lorraine, et puis que les Wisigoths étaient des barbares installés uniquement chez ces cons d'Espagnols, et enfin que Charles Martel a sauvé la France, l'Europe, la Chrétienté et le monde, des méchants Arabes...[59]

Messieurs, il faut parler plus haut et plus vrai! Il faut dire ouvertement qu'en effet les races supérieures ont un droit vis-à-vis des races inférieures... (Rumeurs sur plusieurs bancs à l'extrême gauche.) [...] *Je répète qu'il y a pour les races supérieures un droit, parce qu'il y a un devoir pour elles... Elles ont le devoir de civiliser les races inférieures.*[60]

Jules Ferry ne pense pas qu'aux Arabes, aux Noirs et aux *Indochinois* quand il parle de *races inférieures.* Sa haine des fédérés[61] et sa politique d'imposition du français au détriment des langues indigènes métropolitaines, prouvent qu'il considérait que les provinces continentales étaient elles aussi peuplées de sous-humains qu'il convenait de civiliser.

En France, le fait de venir d'une province lointaine, surtout lorsqu'elle est située au sud de la Loire,

59. Je reviens sur cette étrange vision des ancêtres françois dans le chapitre *C'est un beau roman...*, aux pages 123 et suivantes.

60. Jules Ferry (28 juillet 1885) *Discours à l'Assemblée nationale.* Journal officiel de la République française. Débats parlementaires. p. 1668.

61. Communards.

confère un certain nombre de propriétés qui ne sont pas sans équivalent dans la situation coloniale.[62]

Pour comprendre la politique linguistique mise en place par les Français dans leurs colonies, il convient de revenir sur celle qu'ils ont appliquée pendant la Troisième République envers la paysannerie en France métropolitaine. En effet, plusieurs études [...] *ont montré que les paysans français qui s'établissaient en dehors de « l'Île de Paris » n'étaient pas considérés comme des citoyens à part entière* [...][63]

[...] *la France a fait ses premières armes de puissance impérialiste sur son propre territoire.* [...] *ce n'est pas un hasard si la III*e *République est à la fois, et avec la même bonne conscience, la période de la dictature de la langue française dans l'Hexagone et celle de la colonisation outremer* [...][64]

Dans cette division manichéenne, Arabes, Basques, Bretons, Africains, Occitans sont du même côté de la barrière, du côté des sauvages. Il suffit pour s'en

---

62. Pierre Bourdieu, Loïc J.D. Wacquant (1992) *Réponses. Pour une anthropologie réflexive*. Seuil. p. 181.

63. El Hadji Abdou Aziz Faty, dir. Carmen Alén Garabato, Henri Boyer (2014) *Mots. Les langages du politique. N° 106/2014 Regards sur le post-colonialisme linguistique*. ENS Éditions. p. 14.

64. Calvet, op. cit. p. 232.

convaincre de lire les circulaires des inspecteurs de l'enseignement primaire relatives à l'enseignement du français aux petits Bretons, aux petits Basques, aux petits Wolofs[65]...

Et donc, de nos jours, des Alsaciens, des Arabes, des Basques, des Berbères, des Bretons, des Catalans, des Corses, des Noirs d'origine subsaharienne, antillaise ou autres, des Occitans, etc., amènent leurs enfants dans des écoles baptisées *Jules Ferry*. Et parfois, pour s'y rendre, ils empruntent une rue Voltaire et passent devant une statue de Napoléon ou de Louis XIV...

Minot, j'ai eu l'occasion de lire *Le tour de la France par deux enfants*, une horreur patriotique dans la pure tradition de la Troisième république, et qui m'a révulsé alors que je n'avais pas douze ans. Dans ce bouquin, les écoliers apprennent :

– qu'il faut être obéissant avec les *maîtres*, les patrons et la police ;

– que la langue française est celle de la liberté et qu'elle est supérieure aux *patois*[66] de province ;

---

65. Ibid. p. 228.

66. Sous-dialecte grossier parlé avec les pattes (terme n'ayant aucune valeur linguistique-scientifique). *De l'a. fr. patoier Agiter les mains, gesticuler (pour se faire comprendre, comme les sourds-muets).*
Centre National de Ressources Textuelles et Lexicales (2023).

– et que des quatre races : blanche, noire, jaune et rouge, *la blanche est la plus parfaite*.

Entre 1877 (parution) et 1976, ce bouquin s'est vendu à 8 400 000 exemplaires. Il a été réédité par les éditions Taillandier[67] en 2012, il paraît que son succès ne se dément pas...

Une inscription en très grandes lettres capitales est toujours visible sous le préau de l'école d'Aiguatèbia, un hameau du Conflent à deux pas de la frontière franco-espagnole (une ligne qui ne concerne pas les Catalans) : *Parlez français. Soyez propre.*

Tu le sens, l'esprit colonial ?

En Catalogne du Sud, début XXe, le *Noucentisme*[68] prend la suite du *Modernisme*. Le pays continue à se développer malgré la crise de 1929 et des régimes qui lui sont défavorables : restauration bourbonienne puis désistement d'Alphonse XIII (le médaillé d'or de consanguinité qui a les écoutilles à angle droit) au profit de l'aimable dictateur brun foncé Miguel Primo de Rivera.

---

67. Ma *cancel culture* est sélective : il y a beaucoup de statues à déboulonner, de rues et d'écoles à rebaptiser, mais les publications de ce genre doivent être maintenues, pour peu qu'elles soient accompagnées d'un travail éditorial critique. Point Godwin : l'édition commentée de *Mein Kampf*, par exemple, des Éditions Fayard (*Historiciser le mal : une édition critique de Mein Kampf*, 2021), est remarquable.

68. Mouvement culturel et politique.

Heureusement, suite aux élections générales remportées en 1931 par la coalition républicaine, la Deuxième République est proclamée. Et ça change pas mal de choses : le nouveau régime est laïque, il ne reconnaît pas les titres de noblesse, les femmes y ont le droit de vote et peuvent y être élues. La Deuxième République rétablit aussi la *Generalitat de Catalunya* qu'avait supprimée Philippe V (le mignon petit-fils de Louis XIV) et prévoit un statut d'autonomie pour les communautés historiques que la Catalogne est la première à adopter à la suite d'un référendum régional qui affiche 99 % de « oui » avec 75 % de participation.

Mais il en va autrement de la politique nationale : à peine deux ans plus tard, les élections générales de 1933 sont remportées par une coalition conservatrice qui se fout de la volonté du peuple catalan comme d'une *novillada* de chèvres, et qui menace le nouveau statut d'autonomie. Pour sortir de la nasse, Lluís Companys, président de la *Generalitat de Catalunya*, proclame l'indépendance de la République catalane le 6 avril 1934. La réaction espagnole est toujours la même, rapide et violente : cette nouvelle république et la *Generalitat* sont suspendues dès le lendemain, ses conseillers sont arrêtés et Companys écope de trente ans de prison. Heureusement, il n'en fera pas deux et sortira dès

1936, gracié par *el Frente popular* récemment élu et qui rétablit la *Generalitat de Catalunya*, permettant ainsi à Companys de retrouver sa fonction de président[69].

Les autres communautés d'Espagne n'auront, elles, pas le temps de bénéficier d'un nouveau statut : *el Frente popular* n'est pas au pouvoir depuis six mois que la longue nuit franquiste s'abat sur le pays. L'armée, une certaine bourgeoisie et l'Église n'admettent pas le résultat des urnes. Le 17 juillet, un putsch est lancé depuis le Maroc espagnol par Francisco Franco (FDLGP). Cris de guerre : *¡ Muera la inteligencia !*[70] *¡ Viva la muerte !*

Digression péripatéromaine

FDLGP est un sigle catalan utilisé pour agonir les fâcheux et qui signifie, en gros : PDPI, *Progéniture De Prostituée Imposante*. Je regrette l'utilisation de ces initiales machinales… Honorable traînée ou infâme *tradeuse*, qu'importe, aucune femme ne mérite d'avoir Francisco Franco pour fils… Il est d'ailleurs sûrement utile ici de déterrer la racine de « lupanar » : *lupa*. La louve. C'est comme ça

69. À la fin de la Guerre civile, Companys fuit en France où la police, aidée de la Gestapo, l'arrête puis le renvoie en Espagne. Il y est torturé et fusillé en 1940.

70. Que meure l'intelligence.

que les Latins[71] appelaient les courtisanes : *les louves*. Lumineuse étymologie : une des plus brillantes civilisations du monde a été fondée par deux fils de pute.

Doña María del Pilar Bahamonde y Pardo de Andrade, bourgeoise guindée, batracienne bénitophile et maman du petit Francisco, aurait forcément donné le jour à bien meilleur bâtard si elle avait arpenté quelques trottoirs.

Dorénavant je n'utiliserai plus FDLGP mais FM[72], un sigle très personnel qui me semble idoine pour désigner Francisco Franco (FM).

Bien que répandue, la vision duale de l'Espagne : républicaine, progressiste et libre-penseuse d'un côté ; royaliste, conservatrice et catholique de l'autre, est sûrement réductrice. Elle convient néanmoins pour désigner les forces qui s'opposent pendant la guerre civile.

A. D'un côté : l'armée loyaliste (fidèle au *Frente popular*) et des troupes composées d'indépendantistes (basques et catalans), d'anarchistes (CNT), de

71. Habitants du Latium (*Lazio* en italien), une région du centre de l'Italie dont Rome deviendra la capitale.

72. *Ferrolà Malparit*. Ordure, avorton répugnant d'El Ferrol. El Ferrol, c'est la ville de naissance de Francisco Franco. De 1938 à 1982 (!), la ville s'est appelée El Ferrol *del Caudillo* (guide). *Caudillo de España por la gracia de Dios* était le titre du dictateur (FM), un titre hérité de la *Reconsquista* qu'affectionne Aryk Zemmour.

trotskistes (POUM), de socialistes (PSOE)[73]; ainsi que des brigades internationales (George Orwell en fait partie) et des communistes qui se battent avant tout pour les intérêts de Staline et de l'URSS.

B. De l'autre : l'armée insurgée – à la botte de Franco (FM) –, soutenue par la bourgeoisie et l'Église revanchardes qui veulent casser du républicain et reprendre le pouvoir perdu lors de l'avènement de la Deuxième République en 1931.

Ou encore :

A. D'un côté le camp du *Frente popular* trahi par le Front populaire français (j'y reviendrai) et par les Soviétiques qui *réquisitionnent* la réserve de la banque d'Espagne (637 tonnes d'or pur – le poids de 106 éléphants d'Afrique) pour la *mettre à l'abri* (rires) en cas de victoire franquiste, ct financer 630 avions, quelques centaines d'hommes et 330 chars légers T-26 incapables de résister à un simple cocktail Molotov.

[...] *il n'y avait pas d'armée russe en Espagne. Il a pu y avoir une poignée d'aviateurs et de techniciens, quelques semaines tout au plus, mais absolument pas une armée.*[74]

---

73. *Partido Obrero de Unificación Marxista* ; *Partido Socialista Obrero Español.*

74. George Orwell (2021) *Sur le nationalisme et autres textes – Retour sur la Guerre d'Espagne*. Payot. p. 89.

B. De l'autre côté : le camp des insurgés clairement soutenu par Hitler et Mussolini qui ont fourni 8,5 milliards de lires (± 7,6 milliards d'euros 2023), 100000 hommes, 1 500 avions et 950 panzers Mercedes, le tout en échange de concessions minières que le nouvel État franquiste s'appropriera une fois la guerre gagnée. Les entreprises éthiques Ford et Texaco ne sont pas en reste : elles fournissent des camions et du carburant aux troupes franquistes. À crédit parce que *business is business.*

Digression barbouzarde

En 1936, les communistes considèrent le POUM et la CNT (concurrents à gauche) comme des ennemis malgré leur engagement commun dans le camp républicain (je reviendrai là-dessus aussi). Alexandre Orlov, un espion soviétique, est donc chargé par Staline de détruire le POUM et de la CNT, notamment en les accusant – à tort bien sûr – de sabotage, trahison et collaboration avec les fascistes.

Sa deuxième mission consiste à transférer le trésor espagnol en URSS. Et Orlov fait bien son travail : il décime le POUM catalan, une partie de la CNT (George Orwell lui échappe de peu) et fait convoyer l'or sans un accroc.

Hélas pour lui, la paranoïa progresse au sein de l'empire : les Grandes Purges que les révolutionnaires français ont inspirées au parti communiste (voir page 112), peuvent cibler n'importe qui à tout moment, et surtout ceux qui ont de l'ambition et du talent… Orlov se réfugie aux États-Unis en 1938.

Lors de son audition par le sénat américain (rapportée par le *Scope of Soviet Activity*), Orlov raconte, entre autres, que Staline a organisé un banquet avec ses amis du *politburo* pour fêter l'arrivée à Odessa de ce qu'on appelle depuis *l'or de Moscou.* C'est dire si le *Père des peuples* avait prévu de rendre la joncaille ainsi *mise à l'abri*…

[…] *l'or est toujours verrouillé dans les souterrains du Kremlin, et si rien n'est fait à ce sujet, il ne sera probablement jamais rendu. Cet or appartient à la nation espagnole. Les régimes vont et viennent, mais l'or appartient aux peuples, et la nation espagnole y a droit* […][75]

Ni l'URSS ni la Fédération de Russie n'ont restitué le magot…

Dans cette guerre, le déséquilibre des forces est tel que les trois ans de résistance républicaine relèvent de... Mais je ne crois pas à l'héroïsme. Si je devais me laisser aller à ce sentiment douteux, je n'aurais qu'un seul héros et ce serait mon *oncle-avi* Rafael (avec une autre coupe), le frangin de ma *iaia*[76] Rosa :

75. *Scope of Soviet Activity in the United States* (Février 1957) *Audition d'Alexandre Orlov*. Sénat des États-Unis d'Amérique. P 3434.

76. Ma mémé.

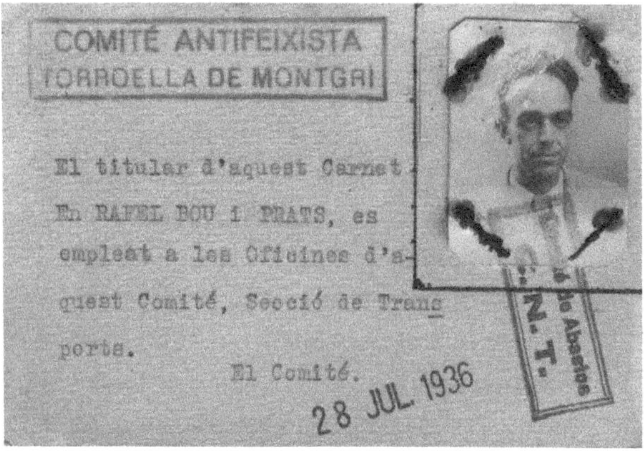
COMITÉ ANTIFEIXISTA
TORROELLA DE MONTGRI

El titular d'aquest Carnet
En RAFEL BOU i PRATS, es
empleat a les Oficines d'a-
quest Comité, Secció de Trans
ports.
El Comité.
28 JUL. 1936

Hélas, les bons sentiments et les mauvais coiffeurs ne suffisent pas : le 1er avril 1939, la guerre est perdue pour les Républicains et trente-six ans de dictature suivent. Comme d'hab' pour les Catalans, c'est une longue fête : suppression des institutions et interdiction de la langue pour la signalisation, les télégrammes, les épitaphes (!), le cinéma, le théâtre, la radio puis la télévision, et toutes les publications, les officielles comme les plus anodines. Dans une circulaire de la *Falange Española Tradicionalista*[77] produite en 1942, on peut lire ceci :

---

77. La Phalange est le parti (fasciste) unique pendant la dictature.

L'impression de brochures, faire-part, cartes de visite, etc. est strictement interdite en langue catalane. La violation de cet ordre sera sévèrement punie.

Et puis, enfin, arrive novembre 1975...

<u>Digression españoliste</u>

La guerre civile débute le 17 juillet 36 et se termine le 1er avril 39. Si on additionne les jours : 17+1 ; les mois : 7+4 ; et les années 36+39, on tombe sur cette date : 18 novembre 75, soit deux jours avant la mort de Franco (FM). Il paraît que certains membres de son entourage, soucieux de légende et de numérologie, pensent abréger son agonie (il décède lentement de la maladie de Parkinson à l'hôpital madrilène *La Paz*) pour que le compte soit bon... Mais trente-deux médecins catholiques, peu disposés à ce qu'on écourte une œuvre de Dieu, s'acharnent à maintenir en vie ce qui reste du tyran... et Jose Antonio Primo de Rivera, fondateur de la Phalange, a été fusillé par les Républicains le 20 novembre 1936...

C'est donc le 20 novembre 1975 que le Président de la République française, Valéry Giscard d'Estaing, ému par la disparition du dictateur (FM), devient ceinture noire de dignité en ordonnant qu'en son honneur soient mis en berne les drapeaux des ministères...

Juan Carlos Ier de Bourbon monte ensuite sur le trône que Franco (FM) a restauré pour lui :

Respecto a la sucesión a la Jefatura del Estado [...] *todo ha quedado atado, y bien atado, con mi propuesta y la aprobación por las Cortes de la designación como sucesor a título de Rey del Príncipe Don Juan Carlos de Borbón.*[78]

En ce qui concerne la succession à la tête de l'État [...] *tout a été ficelé et bien ficelé, avec ma proposition et l'approbation par les Cortès de la nomination comme successeur, sous le titre de roi, du prince Don Juan Carlos de Whisky Coca.*

Voilà : le dictateur (FM) meurt et l'Espagne devient d'un coup, comme par magie, remarquablement, supérieurement, fantastiquement démocratique.

En France, sur la période 1945-1980, de petites choses se passent : le Troisième Reich capitule le 8 mai 1945, une date bien sûr célèbre parce que, ce jour-là et les deux suivants, à Sétif, Guelma et Kherrata, l'armée française massacre vingt mille Algériens, vieux, femmes et enfants compris (et même un cocker schizophrène qui crie *miaou !* en prenant du plomb). Les Français deviennent

78. Allocution télévisée de Francisco Franco (FM) le 30 décembre 1969. Voir Références média p. 244.

ensuite unanimement des Résistants dès le deuxième semestre 45 ; ils renoncent, contraints, forcés et sans économiser le sang indigène, à la plupart de leurs colonies d'outre-mer dans les années soixante ; ils s'énervent en 1968 ; puis ils élisent comme président un ancien cagoulard décoré de la francisque par Pétain, pro-Algérie-française et ami de René Bousquet (le boute-en-train du Vèl d'Hiv) ; ils ignorent forcément ce qui se passe au Rwanda en 1994 (d'ailleurs l'asile offert par la France aux génocidaires rwandais leur est inconnu) ; leurs programmes scolaires essaient, en 2005 et heureusement en vain, de persuader les minots que la France a joué *un rôle positif outre-mer*...

Et pendant ce temps, au nord des Pyrénées, la conscience catalane continue de crever lentement sous la constante pression jacobine...

Digression constitutionnelle

La constitution espagnole de 1978, ce produit odorant de la tripaille franquiste, admet, malgré sa source, quelques dispositions dont les régions françaises n'oseraient pas rêver, même sous acide bio label rouge premium :

Article 143.

1. En application du droit à l'autonomie reconnu à l'article 2 de la Constitution, les provinces limitrophes ayant

des caractéristiques historiques, culturelles et économiques communes, les territoires insulaires et les provinces ayant une entité régionale historique pourront se gouverner eux-mêmes et se constituer en Communautés autonomes, conformément aux dispositions du présent titre et des statuts respectifs.

Rappel de la constitution française :

Article 72

[...]

Dans les collectivités territoriales de la République, le représentant de l'État, représentant de chacun des membres du Gouvernement, a la charge des intérêts nationaux, du contrôle administratif et du respect des lois.

Le retour à l'état de droit, la relative liberté que permet le statut d'autonomie et la volonté de tourner la page du franquisme et de la violence, endorment la Catalogne du Sud pendant une trentaine d'années. Précisément jusqu'en 2010, quand 14 des 223 articles du nouveau statut d'autonomie, négocié en 2006, sont annulés par le Tribunal constitutionnel espagnol. Quatorze articles ayant trait à la nation catalane, son identité, sa langue...

Pour les Catalans, c'est une déconvenue de plus, peut-être celle de trop : il n'y a aucune perspective de liberté en Espagne. Ni république, ni fédéralisme, ni même respect des institutions autonomes.

Le Royaume d'Espagne n'est qu'une camisole inepte.

> Le 10 octobre 2012, devant le congrès, le ministre de l'Éducation José Ignacio Wert affirme qu'il faut *espagnoliser les élèves catalans.* (À croire qu'il a fait ses études en France.)

> En 2014, le roi Juan Carlos de Whisky Coca, englué dans des scandales de corruption, abdique en faveur de son fils, l'éblouissant Fifi VI dont le QI est proche du score espagnol en finale du mundial 2010.

> Le 1er juillet 2015, la *ley mordaza* (loi bâillon), relative à la sécurité publique, est adoptée par le congrès où le *Partido Popular*[79] est majoritaire. L'ONU, Amnesty International et Human Rights Watch déclarent que *cette loi rappelle les pires jours du régime de Franco et ne convient pas à une nation démocratique* mais rien n'y fait, le texte est toujours en vigueur en 2023 malgré les promesses (rires) du président socialiste Pedro Sánchez.

79. Parti réactionnaire néofranquiste.

> En 2016, l'Espagne compte 1 637 politiques mis en examen. Un millier (!) d'entre eux sont encartés au *Partido Popular*.

> Depuis 2020, le *Partido Popular* se fait doubler sur sa droite (!) par le parti catho-fasciste *Vox* (sorte de croisement entre *Rassemblement national* et *Manif pour tous*), dont l'obsession pour la Catalogne ressemble à celle de Salluste[80] pour les picaillons, et dont le leader, Santiago Abascal, fier fils et petit-fils de franquistes, fait passer Philippe Le Jolis de Villiers pour un punk à cocker défoncé à la 8.6.

> En 2020 toujours, Juan Carlos de Whisky Coca s'exile à Abu Dhabi pour se soustraire à la justice qui le poursuit pour perception de pots-de-vin – plus de 100 millions d'euros – et fraude fiscale. (Et otoplastie de complaisance.)

> En 2021 :

† 220 (!) prêtres espagnols sont visés par des plaintes pour agressions sexuelles sur mineurs. (D'après les associations qui luttent contre la pédophilie, seul un cas de ces violences sur dix fait l'objet d'une action en justice.)

---

80. De Funès, pas celui de Hugo.

† Les communautés autonomes sont tenues de financer les écoles catholiques, et c'est Madrid qui fixe le montant minimum de leur subvention. Dans ces établissements, le droit à l'avortement, l'euthanasie, le mariage des homosexuels... sont des thèmes abordés, bien sûr, avec la plus grande neutralité...

† L'Église catholique espagnole possède plus de 110 000 propriétés immobilières mais ne paie pas d'impôts fonciers. Manque à gagner annuel pour l'État : 2,5 milliards d'euros.

† Malgré tout ça, la monarchie espagnole ne semble pas disposée à changer quoi que ce soit au statut de l'Église catholique. Mieux : son régime fiscal avantageux, qui profite aussi à l'évangélisme, à l'islam et au judaïsme, est étendu en 2023 aux bouddhistes, aux orthodoxes, aux mormons et aux témoins de jéhovah... grâce à un gouvernement socialiste. (C'est le moment de monter sa boutique obscurantiste en Espagne...)

> En 2022, toutes les affaires dans lesquelles trempe Juan Carlos de Whisky Coca sont classées sans suite, la justice espagnole s'étant sans doute souvenue que, d'après la constitution, *la personne du roi est inviolable et n'est pas soumise à responsabilité.*

> Toujours en 2022, le *Catalan gate*[81] prouve que les services espagnols du renseignement ont espionné soixante-cinq personnalités catalanistes (avocats, journalistes, élus... et leurs familles) grâce au *spyware Pegasus*, qui s'installe silencieusement à distance sur n'importe quel téléphone (technologie *zéro clic*). C'est une société israélienne, NSO, qui produit le logiciel, et seul le gouvernement israélien en détient les licences. Contractuellement, il ne les cède qu'à des États, à condition que ceux-ci utilisent Pegasus exclusivement pour combattre le crime organisé et le terrorisme...

Rapport de la Plateforme du Conseil de l'Europe pour renforcer la protection du journalisme (7 mars 2023) :

En 2022, de nouvelles révélations se sont fait jour concernant l'utilisation de Pegasus contre des journalistes par les autorités espagnoles. [...] Toutes les personnes ciblées étaient liées au mouvement indépendantiste de Catalogne ou à des personnalités qui en font partie.

---

81. Scandale découvert par le Citizen Lab de Toronto et révélé, entre autres, par le New-Yorker.
Voir Références média p. 244.

Digression europarlementaire

Fin mars 2023, j'ai eu la chance de m'entretenir avec la députée européenne Anne-Sophie Pelletier (The Left – LFI), membre de la commission d'enquête parlementaire sur l'utilisation de Pegasus.

Elle m'a écrit ceci :

Un gouvernement qui achète Pegasus pour renforcer sa sécurité nationale n'a bien sûr pas le droit de le détourner de son utilisation première pour criminaliser les opposants politiques, les journalistes, les ONG. Ce serait une atteinte grave à l'état de droit et un pied de nez à la justice qui, en démocratie, est seule a pouvoir décider de mettre quelqu'un sur écoute.

Les députés catalans auditionnés par notre commission ont été maltraités par leurs collègues espagnols. Entendre « Les Catalans sont des terroristes » est insupportable... Mais pour certains députés espagnols, l'organisation d'un référendum, pilier de la démocratie directe, est un acte terroriste. Forcément : il leur faut une excuse, en l'occurrence une prétendue atteinte à la sécurité nationale, pour justifier leur utilisation de Pegasus.

Soixante-cinq victimes catalanes ont été identifiées, dont dix-huit reconnues par l'ombudsman qui a pourtant dit : « Circulez, y'a rien à voir ».

Personne ne se saisit du problème... Que dois-je répondre aux victimes quand elles me demandent de l'aide ?

Pourquoi une représentante des Catalans à Bruxelles, avec un numéro de téléphone belge, a-t-elle aussi été espionnée? Est-ce la police belge qui a autorisé cet espionnage? Sûrement pas...

Les données personnelles captées par Pegasus, d'après ce qu'on m'a dit, sont conservées par les services secrets espagnols. Mais où est la décision du juge qui a permis la captation et le stockage de ces données?

Il s'agit d'un scandale d'État!

Nous avons essayé, avec des collègues notamment Verts et Renew [centre europhile], *d'obtenir que notre mission puisse enquêter à Barcelone. Malheureusement, nous n'avons pas eu la majorité. Donc nous nous sommes contentés d'une visite à Madrid.*

Quand nous sommes arrivés, vu le comportement de certains collègues, nous avons compris que nos questions n'obtiendraient pas de réponse.

Le mardi 21 mars, nous avions rendez-vous à 13 heures au Parlement espagnol. Après 1 h 45 d'attente, ulcérée, je suis partie. Mes collègues sont restés... pour rien: personne n'est venu.

Les députées de l'ECR[82] *aussi, ont boycotté notre réunion. Le PPE*[83] *lui, a fait acte de présence. Et a été odieux. Zoido* [Juan Ignacio Zoido eurodéputé espagnol, PPE – PP] *a tenté de discréditer l'enquête du Citizen Lab,*

82. Conservateurs et Réformistes Européens, parti européen de droite – extrême droite, anti-fédéraliste.

83. Parti Populaire Européen, parti de droite auquel appartient le PP espagnol.

a accusé Amnesty international d'être esclave de ce même Citizen Lab, a associé Pere Aragonès [Président de la Generalitat] *et Carles Puigdemont, à Poutine* [accusations bidon, voir page 209].

Tout a été dit et fait dans une absolue indécence…

Honte au Parlement qui n'est pas capable de mener une commission d'enquête en toute objectivité, honte aux socialistes espagnols, au PPE, à l'ECR…

Il est si simple de dénoncer la Hongrie, la Pologne, la Grèce… Mais qu'il est compliqué d'accuser un gouvernement [socialiste] *espagnol qui n'a pourtant pas respecté les droits fondamentaux des citoyens catalans. Les collègues espagnols n'ont aucun problème pour condamner la Hongrie et autres, mais leur propre pays : surtout pas.*

J'aurai pas de poids… Le rapport n'aboutira à rien parce que personne ne veut se saisir de la patate chaude…

Il s'agit de l'Europe. Chaque jour, on nous parle des valeurs de l'union. Mais pourquoi le Parlement, et notamment sa présidente, n'a-t-il eu aucun mot pour les victimes catalanes de Pegasus ? Pourquoi ?

On interdit Tik Tok au parlement, mais Pegasus agit…

J'ai fait une pause dans la rédaction de ce mail, j'arrivais plus à écrire tant les larmes montaient. Des larmes d'impuissance… rien de pire.

Où est l'état de droit ? Où est le respect des droits fondamentaux ? Où sont les valeurs de l'union ?… Parce

> *que c'est l'Espagne, il ne faut rien dire ? C'est plus facile de condamner la Pologne et la Grèce ? Ben non ! Le gouvernement espagnol a clairement mis en danger nos démocraties, et personne ne nous a répondu. Rien !*
>
> *Je n'ai jamais eu autant honte d'être députée européenne.*

Y'a pas à chanceler du coccyx : l'Espagne n'est pas une démocratie, c'est une monarchie bananière. La constitution de 78 produit des régimes de bananes et il faut partir.

Nous, les Catalans, sommes un peuple métis, millénaire et de culture gréco-latine. Un peuple qui n'a jamais pu s'édifier par lui-même, qui a été contraint de se construire dans la résistance aux agressions espagnole et française. Nous y avons gagné notre goût pour la paix et la démocratie[84].

Nous, les Catalans, sommes un peuple sans roi, fédéraliste depuis le Moyen Âge et républicain depuis le XVIIe.

Nous, les Catalans, sommes une nation qui, tôt ou tard, établira sa république et se dotera d'un état souverain.

84. Depuis que l'Espagne est devenue (paraît-il) un État de droit (1978), les indépendantistes catalans ont abandonné la lutte armée et n'utilisent plus que des moyens démocratiques pour servir leurs idées.

DEUXIÈME PARTIE

Aperçu avantageux de la République françoise, le pays des Droits de l'Homme françois

1. Pas toi

Fin 2017, lors d'une soirée chez un ami, je me suis trouvé à discuter de la Catalogne sur fond de référendum[85] avec un autre invité, un vacancier d'Île-de-France. Un François avenant, socialement impliqué, antiraciste revendiqué, tout bien propre. Ça n'a pas raté : assez vite, le mot « patois » s'est substitué à « catalan » dans sa conversation. Je lui ai donc fait remarquer que le terme (rappel : sous-dialecte grossier parlé avec les *pattes*) était dénigrant. Ce à quoi il a répondu, en levant une main apaisante et en inclinant la tête d'un air rassurant et concerné :

– Non mais, pour moi, c'est pas péjoratif.

– Alors ça te gêne pas si je dis que le français est un patois.

– Ha non, le français, c'est une langue !

85. Référendum sur l'indépendance de la Catalogne organisé le 1er octobre 2017. J'en parle plus longuement aux pages 179 et suivantes.

— Donc, *patois* est bien dénigrant.
— Oui mais non... mais en fait... euh...

En premier lieu, il n'existe pas de langue « supérieure ». Le français ne s'est pas imposé [...] en raison de ses supposées qualités linguistiques, mais parce qu'il s'agissait de la langue du roi, puis de celle de la République. [...] un parler ne se développe jamais en raison de la richesse de son vocabulaire ou de la complexité de sa grammaire, mais parce que l'État qui l'utilise est puissant militairement.[86]

En termes purement linguistiques, il est impossible de trancher entre langue et dialecte : la distinction est d'un autre ordre - sociolinguistique, politique, culturel, historique. Les linguistes aiment rapporter la boutade attribuée au Maréchal Lyautey : une langue, c'est un dialecte qui a une armée et une marine.[87]

C'est une formule que l'on entend souvent : le français serait « la langue de la liberté » ou celle « des droits de l'Homme », ce qui sous-entend que les langues

---

86. Michel Feltin-Palas (28 mars 2012). *Claude Hagège : « Imposer sa langue, c'est imposer sa pensée »*. L'Express.
Voir Références média p. 244.
87. Philippe Boula de Mareüil (2010) *D'où viennent les accents régionaux*. Le pommier. pp. 16-17.

porteraient des « valeurs ». Or [...] aucune langue n'est porteuse de valeurs particulières. Le français a été la langue des lumières comme celle de la monarchie absolue, celle de de Gaulle comme celle de Pétain.[88]

Tous les linguistes du monde le répètent : il n'y a pas de patois, il n'y a que des langues. Aucune n'est supérieure à une autre et aucune ne porte de valeurs spécifiques...

Mais voilà :

La langue française, c'est pas une langue régionale, c'est une langue universelle, c'est une langue magnifique, c'est un chef-d'œuvre.[89]

L'académie est un naufrage, a dit de Gaulle.

Le fanatisme est impossible en français. [...] jamais un musulman qui sait le français ne sera un musulman dangereux.[90]

---

88. Michel Feltin-Palas (30 juin 2020) *Le français est-il la langue de la liberté ?* L'Express.
Voir Références média p. 244.
89. Jean-Marie Rouart - académicien gâteux (pardon pour le pléonasme) - (8 juin 2021) *Le club des idées.* Europe 1.
Voir Références média p. 245.
90. Ernest Renan (2 février 1888) *Conférence à l'Alliance pour la propagation de la langue française* dans *Œuvres complètes tome II*. Calmann-Levy. p. 109.

Si seulement Mohamed Merah avait été au courant...

Si seulement les frères Kouachi avaient lu Ernest Renan...

Si seulement...

Nous voulons conserver notre langue, la plus belle du monde, la plus claire, nous voulons la protéger de l'influence américaine, maghrébine et de l'écriture inclusive.[91]

Aryk Zemmour : encore un Arabe fanatique alors qu'il *sait le français...*

[...] *pour beaucoup de peuples, parler français c'est parler la langue de la liberté.* [...]

Et c'est en français que les peuples [d'Afrique de l'Ouest] *se sont décolonisés* [!], *en français qu'ils ont accédé à l'indépendance et à la liberté* [...][92]

Pour les Romains, la Hollande avait un nom de salade : *Batavia* (le pays des Bataves). Fort de cette information capitale, je décide, dans un élan latino-pâtissier incongru, de surnommer le recordman de dignité qui a proféré les deux phrases précédentes : *Flamby Batavia.*

---

91. Aryk Zemmour (15 octobre 2021) Twitter.

92. François Hollande (29 novembre 2014) *Déclaration du Président de la République, sur la Francophonie, à Dakar*. Site Internet de l'Élysée.

Digression sénégalaise

Je ne sais plus si c'est Nadine Morano, Didier Deschamps ou ma tante Hortense, mais un grand intellectuel a dit un jour :

C'est grâce à la colonisation que l'écriture est arrivée en Afrique.

Hum...

Imagine que nous sommes à la fin du XIXe, à Guet Ndar, un petit village près de l'embouchure du Sénégal. Sur la plage, un Français s'adresse à un indigène.

Scénario 1 :

Voyez-vous, Monsieur Diop, ceci est l'alphabet phonétique international. Si vous apprenez ces signes et mémorisez les sons auxquels ils correspondent, vous pourrez symboliser graphiquement votre langue, donc vous saurez écrire.

Scénario 2 :

Ton patois il est tout pourri, Mamadou, on bitte que dalle à ce sabir de nègres. Alors tu vas oublier tout ça et apprendre la langue universelle de la civilisation et de la liberté : le français. En plus, tu verras, le français, c'est la classe, ça s'écrit... Bien sûr que j'ai un fusil.

Les anciennes colonies françaises étant encore aujourd'hui francophones, il est facile de deviner lequel de ces deux scénarios a été tourné.

La République française n'a pas apporté l'écriture dans ses colonies subsahariennes, elle y a imposé une langue écrite. Avec l'arrivée des colons, de l'instruction publique et d'une administration exclusivement francophones, les langues indigènes ont perdu leur droit de cité et des cultures entières ont été folklorisées, méprisées et, au bout du compte, effacées. Il s'agit d'une destruction culturelle massive, c'est-à-dire le contraire de ce que prétendent certains hexagonalistes.

Si tu es avenant, socialement impliqué, antiraciste revendiqué, tout bien propre, alors tu as facilement admis l'ethnocide que je viens de mentionner. Maintenant, il va falloir gérer ta dissonance cognitive : *les mécanismes ethnocidaires mis en place par la République dans ses colonies ont toujours cours aujourd'hui dans les provinces de métropole et les DROM-TOM.*

D'ailleurs je suis Catalan et cet ouvrage est écrit en français.

Article 8 de la Déclaration des droits des peuples autochtones (Assemblée générale des Nations Unies, 13 septembre 2007) :

Les autochtones, peuples et individus, ont le droit de ne pas subir d'assimilation forcée ou de destruction de leur culture.

La langue française ayant été le principal instrument de l'ethnocide colonial, la présenter a posteriori comme un outil émancipateur est une blague d'une rare drôlerie... Allez, pour le plaisir, de nouveau un petit bout du discours de Flamby Batavia :

Et c'est en français que les peuples se sont décolonisés, en français qu'ils ont accédé à l'indépendance et à la liberté [...]

Et comme monsieur *salade et dessert* est sympa avec tout le monde, il ne nous a pas oubliés :

Défendre le français, c'est promouvoir le pluralisme linguistique. [...] *nous défendons toutes les langues, les langues nationales, les langues locales à travers le français.*[93]

93. Ibid.

La République françoise a quasiment éradiqué les langues de ses indigènes en leur imposant celle de la seule communauté d'Île-de-France. Mais Flamby Batavia raconte, sans trembler de la maïzena, que *défendre le français, c'est promouvoir le pluralisme linguistique.*

l'Unesco s'alarme de la disparition des langues indigènes en France, un pays qui refuse obstinément de ratifier la *Charte européenne des langues régionales ou minoritaires.* Mais Flamby Batavia assure, sans frémir du caramel, que *nous défendons* [...] *les langues locales à travers le français.*

S'agit-il d'humour, de cécité intellectuelle ou de négationnisme ? Je n'ai pas la réponse, mais je ne crois pas à de la rigolade : des tas de gens sont convaincus que la République est un paradis pour ses minorités alors que la mairie RN de Perpignan préempte un terrain pour empêcher la construction d'un lycée catalan ; qu'un obscur sous-préfet colonial porte plainte contre des communes catalanes à cause de délibérations en catalan ; que la Catalogne du Nord, déjà amputée de son nom, se retrouve diluée depuis 2015 dans la région Occitanie à laquelle elle n'appartient ni historiquement ni culturellement ; que Rodrigue Furcy (mazette !), préfet des Pyrénées-Orientales né à Tourcoing, bloque le Col de Banyuls, passage historique entre les deux

Catalognes ; que le mot « patois » est utilisé dans les médias, par les politiques et à l'Académie françoise *of course* ; que la discrimination à l'embauche frappe chaque année des milliers de personnes n'ayant pas l'accent standard...

Digression accentuée

Il est en France une idée tenace et d'une insondable clairvoyance : le français *pur*, ou standard, celui de la télévision, de la radio, etc. serait un français *sans accent*, ou bien un français à *l'accent neutre* (oxymore grand cru), sans intonations notables...

Ça aussi, tous les linguistes du monde le répètent :

Une langue ne pouvant préexister à sa prononciation (pardon pour la porte ouverte défoncée au bélier), nul ne dit une langue *sans accent*. Et même la synthèse vocale d'un aspirateur asthmatique n'a pas un *accent neutre*.

Les hexagonalistes sont persuadés de la supériorité de leur façon de parler parce qu'elle leur fut révélée (à eux, l'élite) dans sa pureté, par le Dieu françois de la parole. Conséquemment : la diversité des expressions orales françaises ne peut être, à leurs oreilles, qu'un ramassis de perversions risibles de leur immaculé parangon linguistique, éructé par des paysans de province...

Leur accent est pourtant parfaitement identifié, c'est celui de la caste qui a pris le pouvoir en 1789 et surtout 1793 : la bourgeoisie parisienne.

> *Une autre bataille débute alors, une deuxième phase d'unification visant à ce que tout le monde parle français de la même façon. Et c'est donc le modèle de la bourgeoisie parisienne qui est confirmé, en tant que langue de référence* […][94]

Pardon de ressasser, mais beaucoup d'Espagnols et presque tous les Français dont au moins un ex-Président, n'ont pas encore compris cette idée pourtant simple :

Non, chers hexagonalistes et coûteux españolistes, le français et le castillan n'appartiennent pas à un ordre linguistique suprême survolant les sabirs mal dégrossis de ceux qui n'ont pas la bonne fortune d'être des vôtres. Et il serait dommage qu'il en aille autrement : on ne peut pas classer les gamelles au *Bocuse d'or* sans classer les chefs qui les ont cuisinées ; on ne peut pas davantage hiérarchiser les langues sans hiérarchiser leurs locuteurs. Prétendre que quelqu'un parle un *patois* revient à dire qu'il est inférieur à celui qui assure

94. Philippe Blanchet (22 novembre 2020) *Glottophobie : comment le français « sans accent » est devenu la norme*. France culture.
Voir Références média p. 245.
Glottophobie : discrimination fondée sur la langue, l'accent. Terme créé par le sociolinguiste Philippe Blanchet.

utiliser une *langue*. Or : *Tous les peuples du monde sont dotés des mêmes facultés.*[95]

Il y a bien longtemps que les philosophes et les généticiens ont discrédité le racisme. Mais cette sale maladie, qui semble régresser lentement depuis le XIXe quand il s'agit d'épiderme, est encore virulente concernant les langues. Surtout en France.

La France, un pays où un guignol parisien ordinaire peut me raconter que le catalan n'est qu'un patois, que sa langue est donc supérieure à la mienne et que je lui suis inférieur, tout en se prétendant antiraciste. La France, le pays autoproclamé des *Droits de l'Homme*. La France, le pays de la glorieuse révolution de 1789 et de l'abolition des privilèges...

95. Déclaration sur la race et les préjugés raciaux (1978) Article 1er alinéa 4. Unesco.

2. Mon ami

Jacques Pierre Brissot de Warville est un acteur majeur de la Révolution française, le créateur du journal *Le Patriote françois*, le fondateur de la *Société des Amis des Noirs* et donc un militant déterminé de l'abolition de la traite. Pour l'affranchissement des esclaves, en revanche, il pensait qu'il fallait y aller doucement :

Non seulement la Société des Amis des Noirs ne sollicite point en ce moment l'abolition de l'esclavage, mais elle serait affligée qu'elle fût proposée. Les Noirs ne sont pas encore mûrs pour la liberté ; il faut les y préparer : telle est la doctrine de cette Société.[96]

Quel indicible bonheur doit être le tien quand *ton ami*, celui qui est libre et qui affirme que tu es son égal avec tes chaînes aux pieds, publie que tu

96. Jacques Pierre Brissot (24 août 1789) *Le Patriote François n° 24.*

n'es *pas mûr pour la liberté...* Mais enfin... quelle idée, aussi, d'être mûr pour la servitude...

Bien sûr, la condescendance de cet *ami* des Noirs me révulse. Et elle n'est pas seule. J'ai un peu la même sensation quand je regarde certains films (hollywoodiens surtout) dont l'unique (ou presque) rôle noir est celui qui meurt dès la troisième page du scénario[97]. Il se trouve alors souvent, à ses côtés, un rôle blanc éploré qui s'écrie, entre deux sanglots hyper émouvants : *C'était mon ami ! Mon ami d'enfance ! Mon meilleur ami ! L'ami de tata Hortense !* Un ami qui n'est plus à l'écran mais qu'importe : comme la tarte, le quota est atteint, ça peut rouler peinard entre Blancs.

Même sentiment dérangeant quand j'ai découvert ce qu'était l'*Assistance Médicale Indigène* au *temps béni des colonies*. Un répugnant paternalisme ne se cacherait-il pas sous l'apparente bienveillance de l'acronyme ?...

Nos frères noirs. Nous sommes venus apporter à ces populations déshéritées le baiser de la France, les bienfaits de la civilisation. Belles foutaises ! [...] *L'œuvre médicale, ce n'est pas moi qui vais la*

---

97. De nombreux sites Internet compilent les dizaines (!) de films dans lesquels *le noir meurt le premier*. Deux d'entre eux creusent un peu le sujet : *arteradio.com* et *profondeurdechamp.com*.
Voir *Références média* p. 245.

sous-estimer. Mais tout de même, il y a l'idée d'améliorer le cheptel local, source de tant de manœuvres, de tant de bons tirailleurs [...][98]

Bien sûr, c'est avec gourmandise que je cite ici l'ineffable Nadine, ses amis et son subtil nuancier des carnations :

Me faire passer pour quelqu'un par exemple qui serait raciste alors que j'ai des amis qui sont justement Arabes, et dont ma meilleure amie qui est Tchadienne, donc plus noire qu'une Arabe, je trouve ça choquant.[99]

Jacques Pierre Brissot aurait pu baptiser son mouvement : *Société pour l'Égalité des « Races »*, puisque le terme avait cours à l'époque... Ou, plus poétiquement : *Société pour la Fraternité des Couleurs*... Mais non. Il préfère affirmer, unilatéralement, qu'il est l'*ami* des Noirs...

L'abbé Grégoire est un pote de Jacques Pierre Brissot, d'ailleurs il fait partie de la *Société des Amis des Noirs* dont il est, lui aussi, une des personnalités marquantes. Le 4 juin 1794, Grégoire présente à l'assemblée un texte devenu célèbre : le *Rapport*

98. Jean-Marie Lorrain (1990) *J'étais médecin de brousse (1941-1943)*. Presses Universitaires de Bordeaux. p. 48.
99. Nadine Morano (21 juin 2012) *C à vous*. France 5.
Voir Références média p. 246.

sur la nécessité et les moyens d'anéantir le patois et d'universaliser l'usage de la langue française.

Un texte forcément raciste, puisqu'il utilise le terme « patois »… Non, bien sûr, ce serait simpliste… Les réacs le répètent ad nauseam : *il faut re-con-tex-tu-a-li-ser.* À l'époque de l'abbé, *les Lumières* n'ont pas un siècle et l'ethnologie, la génétique et la linguistique, n'existent pas encore. Ce bon Grégoire construit donc son raisonnement avec les préjugés qu'il a sous la main. Préjugés qui lui font dire que la langue française (la sienne, étonnamment) est supérieure aux autres qui ne sont que des *jargons lourds et grossiers.* Or, il affirme aussi dans son rapport que *la langue est toujours la mesure du génie d'un peuple*… Et là, j'ai beau recontextualiser avec perruque et bas de soie, je ne vois qu'une conclusion possible : si tu parles catalan, tu parles un *jargon lourd et grossier* et ton peuple est dénué de génie. En revanche, si tu parles français, tu parles une langue à la *marche claire et méthodique,* et ton peuple est carrément génial… Qu'importe l'époque, qu'importe le contexte, qu'importe l'orateur : *ce raisonnement qui hiérarchise les peuples est un raisonnement raciste.* Et donc forcément en contradiction avec la Déclaration des Droits de l'Homme dont Grégoire est pourtant un des rédacteurs. D'ailleurs, cet *ami* des Noirs dit très clairement à ses collègues parlementaires : *Les Nègres de nos colonies, dont vous avez fait des hommes, ont une espèce d'idiome pauvre comme celui des Hottentots*[100]. Donc, pour l'abbé, les Noirs *sont faits hommes* lorsqu'ils deviennent français et francophones par la grâce de la République. Sans ça, ils ne sont pas des humains. Ils sont donc... On connaît la réponse.

Pour ce qui est de hiérarchiser les gens, le *serial killer* Maximilien de Robespierre (1 300 victimes au compteur, un géant dans le métier) ami de Grégoire, est bien dans l'esprit puisqu'il affirme :

Le peuple français semble avoir devancé de deux mille ans le reste de l'espèce humaine ; on serait tenté même de le regarder, au milieu d'elle, comme une espèce différente.[101]

Brissot, Grégoire, Robespierre et tant d'autres... de la part de gens qui avaient la bouche pleine du mot « égalité », on pouvait s'attendre à mieux... Et je trouve que ça ne donne pas envie d'être leur ami.

---

100. Terme péjoratif désignant un peuple pastoral d'Afrique australe dont le nom véritable est Khoïkhoï.

101. Maximilien de Robespierre (7 mai 1794) *Rapport du Comité de salut public sur les rapports des idées religieuses et morales avec les principes républicains.*

Digression parlementaire

Jusqu'à l'été 2021, sur le site Internet de l'Assemblée nationale[102], on pouvait découvrir, à la rubrique *Grands moments d'éloquence parlementaire*, une version expurgée du *Rapport sur la nécessité et les moyens d'anéantir le patois* dont le titre original avait été (curieusement) remplacé par celui-ci (extrait du corps du texte) : *Notre langue et nos cœurs doivent être à l'unisson…* J'en ai chialé tellement c'était beau comme du Francis Lalanne. Ils sont comme ça, les François : ils ethnocident, mais c'est par amour. Des Torquemadas extatiques, transis de foi devant leurs bûchers linguistiques…

Malheureusement, ce souffle poétique a disparu à la fin de l'été 2021 et, depuis, le site de l'Assemblée nationale affiche un intitulé plus sobre pour le *Rapport* (mais toujours pas son vrai titre, bien entendu) : *L'abbé Grégoire : L'unité de la langue.*

Puis on trouve ce texte introductif :

Chaque région française se distingue, à la fin du XVIIIe siècle, par un « patois » particulier et seules les élites parlent le français de l'Île-de-France. L'abbé Grégoire est convaincu de la supériorité du français et propose donc à la Convention d'encourager, par tous les moyens, la diffusion de ce qu'il appelle « l'idiome de la liberté ».

102. Voir *Références média*, p. 246.

L'unification de la langue doit achever de consolider la République une et indivisible, et c'est la raison pour laquelle la Convention, à la suite de ce discours, incite les Français à s'exprimer uniquement en langue française.

La Convention nationale ne s'apprête donc pas à commettre un ethnocide, pas du tout, elle est en train de permettre à des indigènes attardés d'égaler l'élite francilianisée… Quelle incroyable générosité !

Merci, Maître François. Nous, les Catalans, on est touchés par votre sollicitude. On est sensibles aussi à la pudeur des guillemets qui habillent le mot « patois » : quelle élégance de votre part… Et puis il a raison, le bon abbé, et d'ailleurs ce texte ne juge pas utile de le démentir : le français est *supérieur* et c'est l'idiome de la *liberté*. (Tandis que le catalan c'est celui de la *cargolada*, bien sûr.)

Et enfin, dans cette jolie introduction, il est dit qu'à l'époque, la Convention *incite* les *Français* à s'exprimer uniquement en langue française… Juste une invitation sympa, quoi… Alors que des toponymes ineptes sont imposés par décrets, que le racisme le plus crasseux est courant envers les cultures indigènes et que les minots doivent appeler *Maître* celui qui est en train de détruire leur langue maternelle, leur histoire, leur identité…

Tu le sens, l'esprit colonial ?

L'hypocrisie de ce texte est un émétique plus efficace que l'odeur d'un hareng avarié régurgité par un cocker cacochyme.

Suite à ce paragraphe liminaire et après avoir pris deux Alka-Seltzer, le visiteur du site de l'Assemblée nationale découvre enfin le *Rapport Grégoire* qui se trouve, je le rappelle, à la rubrique *Grands moments d'éloquence parlementaire*. Si son titre a changé en 2021, l'expurgation, elle, subsiste, et elle n'a pas froid aux yeux : le texte original (in extenso sur *occitanica.fr*[103] par exemple) compte 47 500 signes ; celui que l'on trouve sur le site de l'Assemblée nationale en totalise à peine 11 000. Les caviardages y sont signalés par des points de suspension entre crochets mais, évidemment, le lecteur ne peut pas présumer de leur taille… Plus des trois quarts du texte ont été supprimés… ça vaudrait le coup d'être mentionné, non ?… Je trouve même qu'un *Grand moment d'éloquence parlementaire* comme celui-là ne devrait pas être mutilé, c'est irrespectueux de ce Français d'exception que fut l'abbé…

Parmi les suppressions significatives, évidemment, se trouve l'extrait que j'ai cité plus haut : *Les Nègres de nos colonies, dont vous avez fait des hommes…* Et aussi le suivant, qui montre à quel point Grégoire, Parisien natif de Lorraine, savait de quoi il parlait, puisqu'il confond les Catalans et les Basques :

Cette disparité de dialectes a souvent contrarié les opérations de vos commissaires dans les départements. Ceux qui se trouvaient aux Pyrénées-Orientales en octobre 1792

103. Voir *Références média* p. 246.

vous écrivaient que, chez les Basques, peuple doux et brave, un grand nombre était accessible au fanatisme, parce que l'idiome est un obstacle à la propagation des Lumières.

Nous, les Basquatalans (Catalasques ?), on est doux et braves. Mais attention : des fois, en utilisant notre idiome, on vire fanatiques et on se met à... à pratiquer la danse classique à quinze. Heureusement, les gentils Français nous ont appris leur langue et depuis on a bien la lumière à tous les étages. Décidément : merci, la France, le pays des Droits de l'Homme françois.

Je le trouve émouvant, cet esprit de corps qui pousse le site parlementaire à truquer un texte historique pour protéger la mémoire d'un des siens, un hexagonaliste panthéonisé avec Voltaire et Joséphine Baker. Un ami des Noirs, des Basques, des Catalans et des autres.

3. La langue de chez eux

Le *Rapport Grégoire*, paru à la fin de la *Terreur* dont il est un des produits, marque un tournant dans la façon dont les langues indigènes sont considérées par la première République.

En 1790, pourtant, tout ne part pas si mal : l'Assemblée nationale décide que les lois et décrets seront traduits dans toutes les langues du territoire et affichés dans les villes et villages, pour que les habitants des provinces, majoritairement non francophones[104], puissent être informés de la vie politique du pays. Mais quelques fanatiques, obsédés par la *supériorité* du français, dont Barère de Vieuzac et l'abbé Grégoire, sont à la manœuvre pour imposer leur langue.

Combien de dépenses n'avons-nous pas faites pour la traduction des lois des deux premières assemblées

104. D'après une étude de Grégoire lui-même, seuls 15 départements sur 83 sont francophones à l'époque.

nationales dans les divers idiomes de France ! Comme si c'était à nous à maintenir ces jargons barbares et ces idiomes grossiers qui ne peuvent plus servir que les fanatiques et les contre-révolutionnaires ![105]

Autant que le dénigrement des *idiomes* et *jargons*, l'argument du coût des traductions impacte l'Assemblée, et est encore avancé de nos jours par les jacobins pour justifier la glottophagie[106] francilienne. On peut pourtant légitimement se demander ce qui reste de l'argument économique qui a disqualifié les traductions législatives quand, pour pallier leur manque, la République a dû payer la formation des instituteurs (la plupart des premiers d'entre eux n'étaient pas francophones), jusqu'à créer, à grands frais, les Écoles *normales* où ils apprendront leur joli métier de bourreurs de crânes patriotards…

Les instituteurs […] *pourchassent la langue catalane* [et les autres] *au moyen de « procédés pédagogiques » des plus contestables : châtiments corporels, institutionnalisation de la délation… jusqu'à un véritable conditionnement psychologique procédant par association d'idées et dont témoigne encore une inscription*

105. Bertrand Barère de Vieuzac (27 janvier 1794) *Rapport du Comité de salut public sur les idiomes*. Archives parlementaires, t. 83, p 715.

106. Tendance des langues dominantes à dévorer les langues dominées, qui débouche sur la disparition de la variété linguistique infériorisée. Terme créé par le linguiste Louis-Jean Calvet.

toujours lisible sous le préau de l'école communale d'Aiguatèbia : « Soyez propres – parlez français ».[107]

[...] *le problème de Staline était le même que celui des jacobins, et il lui apportera une solution à peine différente.* [...] *on impose la langue russe à travers l'école, la presse, etc.* [...] *C'est-à-dire que la politique de l'URSS est en la matière aussi impérialiste que celle des révolutionnaires de 1789 ou que celle de la France coloniale* [...][108]

Extrait du règlement intérieur de l'école normale primaire de Perpignan en 1844 :
Il est expressément défendu aux élèves de parler catalan dans l'école, il leur est également défendu de s'injurier, de se battre, d'escalader les murs... etc. sous des peines très sévères.[109]

Courte digression Oncle-Samienne

Jusqu'en 1968, parler français était interdit et durement puni dans les écoles de Louisiane...

Quelle honte ! Les États-Uniens, c'est que des fascistes !

107. Bernardó Domènec (1975) *Appareil éducatif et langue autochtone : le cas du catalan. Langue française n° 25*. Larousse. p. 40.
108. Calvet, op. cit. p. 215.
109. Luc Bonet (Thèse soutenue le 18 décembre 2012) *L'instituteur Louis Pastre : Le catalan et l'école en Roussillon de 1881 à 1907*. Université Paul Valéry – Montpellier III. p. 52.

Je disais donc : … les Écoles *normales* où les *Hussards noirs de la République* apprennent leur joli métier de bourreurs de crânes patriotards. Car c'est bien ici que prend sa source l'esprit hexagonaliste qui a endoctriné et contamine encore les minots dans les écoles négationnistes de la République. Voici ce qu'on trouve dans un *Manuel du « Maître »* (classes CM) des éditions Hatier, en 2021 :

Ordonnance de Villers-Cotterêt [écrit fautivement sans « s »].

Découvrir qu'en 1539, François Ier a pris la décision qu'ils [les actes publics] *seraient désormais écrits en français : de façon que chacun puisse les comprendre (ne pas préciser aux élèves qu'à l'époque, la plupart des Français parlaient des langues régionales).*

Manuel p. 56 ou article 110-111 de l'**ordonnance de Villers-Cotterêt**

- **Découvrir qu'en 1539, François Ier a pris la décision qu'ils seraient désormais écrits en français :** de façon que chacun puisse les comprendre (ne pas préciser aux élèves qu'à l'époque, la plupart des Français parlaient des langues régionales).

Digression françoise

La Révolution a supprimé tout le corpus législatif de l'Ancien Régime sauf l'ordonnance de Villers-Cotterêts, dont les articles 110 et 111 ont encore cours aujourd'hui.

Les historiens ne sont pas d'accord, en ce qui concerne ce texte. Certains pensent qu'il visait à imposer la langue française sur tout le territoire ; d'autres affirment que

François Ier voulait juste se débarrasser du latin et que les autres langues indigènes pouvaient continuer à être utilisées dans les actes publics.

Bien qu'étant cordon-bleu d'Histoire troisième dan, je me garderai de prendre parti.

L'éducation nationale, elle, n'a pas ce genre de retenue : péremptoire, elle affirme que l'ordonnance a imposé le français face au latin *de façon que chacun puisse les comprendre*. Elle demande donc au *Maître* de laisser croire aux minots qu'au XVIe, tout le monde parlait français en France. Ce qui est évidemment faux. Et ce mensonge est de surcroît accompagné, dans ce manuel du *Maître*, par une demande explicite de négation des langues indigènes.

En France, aujourd'hui, les contribuables de province financent une institution qui falsifie l'histoire et efface leurs ancêtres et leurs langues…

À la fin du XVIIIe et pour plus d'un siècle encore, seuls les citoyens d'Île-de-France et de quelques départements limitrophes parlent français puisqu'évidemment, c'est leur langue maternelle. Mais en province, d'autres langues ont cours. Instaurer un État et des institutions monolingues francophones crée donc automatiquement des inégalités d'accès à l'éducation, à l'administration, à la justice, à l'engagement politique… entre la province et l'Île-de-France.

Il est essentiel, l'article 6 de la Déclaration des droits de l'homme et du citoyen, celui qui dit que nous devons être égaux devant la loi. Mais deux êtres humains égaux devant une loi écrite dans la langue d'un seul, ne sont pas égaux.

4. Là-haut sur la montagne…

Parmi tous ces parlementaires qui croient, entre autres truismes, que les Noirs non francophones ne sont pas des hommes et que les langues indigènes doivent être remplacées par le français pour que les Catalans cessent d'être des fanatiques, deux groupes se font jour entre 1789 et 1792 : les fédéralistes et les centralistes.

Les fédéralistes souhaitent que la France soit composée de quatre-vingt-trois départements autonomes.

Les centralistes souhaitent que tous les pouvoirs soient concentrés à Paris.

Neuf élus fédéralistes, dont deux Présidents de la Convention nationale, sont originaires de Gironde. C'est la raison pour laquelle leur groupe est surnommé « les Girondins ».

Avec douze de leurs élus nés à Paris (plus gros contingent), dont quatre Présidents de la Convention, il ne semble pas extravagant d'imaginer que le nom « les Parisiens » puisse s'imposer comme surnom des centralistes... Mais des Parisiens qui veulent tout centraliser à Paris... Mettons que ça rend le projet un peu voyant. Et puisque leurs réunions se déroulent dans un couvent de jacobins[110]...

Enfin... C'est à peine plus compliqué : jusqu'en 1792, le Club des jacobins comprend deux sous-groupes, les Girondins et les *Montagnards*, ainsi nommés parce qu'ils occupent les travées les plus hautes de l'hémicycle, et plus sûrement parce que pas mal d'entre eux vivent sur la montagne Sainte-Geneviève[111]. Fin 1792, les deux courants ne se supportant plus, les Girondins quittent le Club qui dès lors ne compte donc plus que des membres *montagnards*.

Néanmoins, encore aujourd'hui, quand il s'agit de caractériser un régime centralisé comme celui de l'Ouzbékistan, de la France ou de la Corée du Nord, c'est bien le terme de « jacobinisme » qui s'impose. En revanche, « girondisme » n'a pas eu le même succès et

110. Dominicains installés en France.

111. 5e et 6e arrondissements parisiens.

a été quasiment abandonné au profit de l'académique « fédéralisme » pour qualifier les régimes de pays tels que la Suisse, l'Allemagne ou le Canada.

Le conflit entre les deux groupes parlementaires dure un an et demi, jusqu'au coup d'État montagnard du 2 juin 1793 qui marque le début de *la Terreur*. Accusés (à tort bien sûr) d'être des traîtres à la patrie, vingt-neuf députés et deux ministres girondins sont arrêtés et assignés à résidence. En réaction à ces arrestations arbitraires, des insurrections fédéralistes explosent à Bordeaux, Lyon, Marseille, Nantes, Nîmes, Perpignan, Rennes, Toulon... Bref : la province se révolte contre Paris. Hélas, les royalistes profitent du mouvement pour mettre de l'huile sur le feu et essayer de liquider la convention nationale. Les Montagnards ne s'encombrent alors pas de nuances : ils déclarent que tous les insurgés – les Girondins comme les cathos-royalistes – sont nécessairement des contre-révolutionnaires à la solde des monarchies européennes, du Tsar, du Grand Mamelouk et de ma tante Hortense, puis envoient la troupe. Bilan : environ 300 000 (!) morts pour un pays de 28 millions d'habitants, et un pouvoir jacobin tout-puissant.

Le conflit girondo-montagnard prend fin définitivement cinq mois plus tard, le 31 octobre 1793. Après un procès boulevardier, vingt et un Girondins se font élaguer de la cafetière à l'abbaye de Monte-à-regret. Les autres, environ quatre-vingts députés, sont poussés à l'exil ou au suicide.

La défaite des Girondins dans leur lutte contre les Montagnards [...] *moment capital dans l'histoire de la Révolution française, a une signification moins sociale que géographique; c'est la défaite de la province devant Paris, des partisans d'une fédération de départements contre les tenants de la centralisation.*[112]

[...] *la Gironde, accusée de fédéralisme, représentait mieux que les jacobins la pensée de la Révolution* [...]
Quant aux jacobins, j'ajouterai [...] *qu'en rétablissant, avec un surcroît d'absolutisme, le système de la royauté sous le nom de* République une et indivisible [...] *ils sacrifièrent le principe même de Révolution* [...]
La République une et indivisible des jacobins a fait plus que détruire le vieux fédéralisme provincial [...] *elle a rendu la liberté impossible en France et la Révolution illusoire.*[113]

Dès mars 1793, donc avant même les accusations bidon portées contre les Girondins, le

112. Jean Tulard. *Fédéralistes, Révolution française*. Encyclopædia Universalis en ligne.

113. Pierre-Joseph Proudhon (1863) *Du principe fédératif*. Dentu. pp. 122-123.

Tribunal révolutionnaire condamne les *criminels* jugés *contre-révolutionnaires* sans qu'ils aient la possibilité de faire appel. La folie progresse d'un cran l'année suivante : le décret du 17 avril 1794 supprime les tribunaux de province, les suspects doivent être conduits à Paris pour passer devant ce même tribunal. Quasiment dans la foulée, la loi du 10 juin 1794 supprime la défense des accusés, qui sont donc jugés sans avocat (rappel : nombre d'entre eux ne sont pas francophones). S'ouvre alors une période d'un mois appelée la *Grande Terreur*. Il s'agit d'un moment burlesque de l'Histoire de France qui permet à Antoine Fouquier-Tinville, accusateur public du tribunal révolutionnaire, de se féliciter :

Les têtes tombent comme des ardoises […] *plus on fera tomber de têtes, plus la République y gagnera.*[114]

Une cinquantaine de raccourcis par jour au minimum… La population parisienne, qui a beaucoup ri au début de la Terreur, commence curieusement à se lasser, voire à sévèrement flipper devant tous ces grands humanistes révolutionnaires. La convention nationale se retourne alors contre les Montagnards qui découvrent, eux aussi,

114. François-Xavier Donzelot (1795) *Suite du Procès de Fouquier-Tinville et autres membres du tribunal du 22 prairial, traduits au Tribunal révolutionnaire. N°III.* Imprimerie du Bulletin républicain. p. 4.

la guillotine… Mais le pli est pris, les Girondins sont morts les premiers. Et si les Montagnards sont exécutés, le jacobinisme, lui, connaît un avenir radieux.

Les bolcheviks, comme tous les révolutionnaires du XIXe siècle et du début du XXe, étaient profondément imprégnés de la culture et des images de la Révolution française. L'établissement de leur dictature fut en partie l'imitation consciente de la Terreur […][115]

Y'a pas à chalouper du postérieur : parce qu'il institue violemment un centre et une périphérie, parce qu'il impose à toutes les régions les standards d'une seule, le jacobinisme est un ethnocentrisme. L'année 1793 et le putsch du 2 juin marquent, plus sûrement que la période 1789 – 91 et le 14 juillet, la naissance de la République française, qui n'a jamais cessé d'être dirigée par une *ethnoligarchie* bourgeoise depuis. Une indication parmi d'autres :

– Les deux départements les plus riches de France sont Paris et les Hauts-de-Seine (60 % plus riches que les plus pauvres).

– Les populations de Paris et des Hauts-de-Seine représentent 6 % de la population française.

115. Suzanne Citron (2017) *Le mythe national*. Les éditions de l'atelier. p. 204.

– Mais 27 % (!) des ministres régaliens de la Cinquième république sont nés à Paris ou dans les Hauts-de-Seine.[116]

Ce qui constitue une surreprésentation de 350 % de la bourgeoisie francilienne à la tête des ministères de la République.

Voltaire bis :

L'esprit d'une nation réside toujours dans le petit nombre qui fait travailler le grand, est nourri par lui et le gouverne.

Une prédominance francilienne commodément occultée par la majorité du personnel politique, de droite comme de gauche, mais qui a secrètement été admise (merci Wikileaks) par un anarcho-indépendantiste sanguino-révolutionnaire avec un sabre d'abordage entre les dents : Michel Rocard.

La France s'est créée en détruisant cinq cultures – la bretonne, l'occitane, l'alsacienne, la corse et la flamande. Nous sommes la seule nation européenne qui soit la création militaire d'un État non homogène. Cela rend la France difficile à gouverner à ce jour. Cela explique notre difficulté à réformer, notre lenteur.[117]

116. Statistiques de qualité supérieure réalisées par votre serviteur.
117. Michel Rocard (27 octobre 2005) *Entretien classé confidentiel avec Craig Roberts Stapleton, ambassadeur des États-Unis à Paris.* WikiLeaks.
Voir Références média p. 246.

(C'est sans doute parce que les cultures basque et catalane sont encore vives au Sud des Pyrénées, que Rocard le barbare ne les mentionne pas.)

5. Le centripète universel

– Napoléon Bonaparte, ce gauchiste au patchouli qui s'impose après la première République, est plus jacobin que les Montagnards eux-mêmes.

– Les restaurations, la Deuxième République et le Second Empire ne changent rien à la structure hypercentralisée de la France, et la Troisième République se caractérise par son racisme et son colonialisme, c'est-à-dire les synonymes politiquement incorrects de « jacobinisme ».

[...] *la doctrine républicaine a été polluée par le racisme officiel de la IIIe République. Celle-ci, telle qu'elle a été instaurée durablement dans le pays à partir des années 1880, porte en elle une ambiguïté fondamentale : elle a consacré les principes des droits de l'homme* [...] *mais elle les a déformés et tordus en les réduisant à des droits de l'homme blanc.*[118]

– Ensuite :

Si certains organes de Vichy travaillèrent à une réforme d'inspiration régionaliste, leurs projets ne reçurent en fait aucune application, au contraire les décisions du régime maintinrent la puissance de l'État. [...] *Bien loin de rétablir les provinces de la monarchie de Louis XIV, comme pourrait le faire croire l'examen superficiel de telle ou telle formule, l'œuvre de Vichy en ce domaine fut en fait d'amorcer la création de nos préfets de région.*[119]

– Enfin : la quatrième république, de Dunkerque à Tamanrasset, et la cinquième, d'autocrate en autocrate, sont restées monolithiques, imperméables à la décentralisation – quoi qu'en dise la constitution de la Cinquième[120] –, et hostiles à toute diversité ethnique et culturelle.

Qu'importe la forme de l'État : républiques, empires, restaurations ou dictature, la France est

118. Gilles Manceron (2005) *Marianne et les colonies / Une introduction à l'histoire coloniale de la France*. La Découverte. p. 307.

119. Pierre Barral (1974) *Idéal et pratique du régionalisme dans le régime de Vichy*. Revue française de science politique n° 5. p. 911.

120. La loi constitutionnelle du 28 mars 2003 a ajouté cette phrase au premier article de la constitution : *Son organisation* [celle de la République] *est décentralisée*. Ce qui n'a eu… aucun effet.

intrinsèquement et structurellement jacobine, donc fatalement franciliano-hégémonique.

Malgré l'existence d'une importante législation anti-discrimination, les membres des communautés minoritaires en France sont victimes d'une véritable discrimination raciale, ancrée dans les mentalités et les institutions.[121]

Cette discrimination (pas forcément surprenante au pays autoproclamé des Droits de l'homme), trouve une de ses explications dans la croyance en l'universalité des *valeurs de la République* soit : liberté, égalité, fraternité, laïcité et tout ce qui en découle. Or – qu'importe qu'on s'en réjouisse ou qu'on le déplore – ces valeurs ne sont pas universelles. La République populaire de Chine, par exemple, n'a pas franchement de tendresse pour les libertés fondamentales. Les États-Unis d'Amérique peinent à convaincre sur le sujet de l'égalité. Égalité que la France elle-même, en raison de son centralisme pathologique, n'a jamais respectée. Les pays musulmans, quant à eux, ont un amour tout relatif de la laïcité. Et puis, pour ce qui est de la fraternité... Je dois admettre que j'ai du mal à considérer Fifi VI

121. Gay J. McDougall (2007) *Rapport de l'experte indépendante sur les questions relatives aux minorités / Additif Mission en France*. ONU.
Voir Références média p. 247.

de Whisky Coca comme un frangin, vu que dans ma famille on est plutôt aérés du chromosome.

L'universalité des *valeurs de la République*, comme celle des Droits humains, n'est pas effective. Elle est un but, pas un fait. Un but que, de surcroît, tout le monde ne poursuit pas.

Ces valeurs n'étant pas universelles, prétendre qu'elles le sont revient à dénier aux *autres* leur droit d'en avoir de différentes. Donc à devenir impérialiste. Et donc à trahir ces mêmes valeurs de liberté, d'égalité et de fraternité.

L'universalisme républicain, oxymore et paralogisme à la fois, permet à ceux qui s'en réclament de discriminer sans scrupule les têtes qui dépassent, non seulement du cadre des *valeurs de la République*, mais aussi (pourquoi s'arrêter en chemin ?) de celui de ses mythes, de ses mœurs, de sa langue...

Et pourquoi pas, après tout ? De tout temps, les vainqueurs ont imposé leurs règles aux vaincus. Faudrait juste assumer... Mais non. Des hexagonalistes honteux – de gauche pour la plupart – ont toujours préféré courageusement dissimuler leur impérialisme sous le vernis consensuel de l'*universalisme*. Voilà qui permet de coloniser un territoire du bout du monde ou un autre, voisin, dans un parfait confort moral : *puisque mes valeurs sont universelles, elles sont aussi les tiennes, pauvre indigène attardé.*

Je ne t'impose donc rien, je fais de toi un homme en t'apportant la civilisation française. Allez, au boulot maintenant... Bien sûr que j'ai un fusil.

L'option universaliste peut s'incarner dans plusieurs figures. L'ethnocentrisme mérite d'être mis en tête, car il est la plus commune d'entre elles. Dans l'acception ici donnée à ce terme, il consiste à ériger, de manière indue, les valeurs propres à la société à laquelle j'appartiens en valeurs universelles. L'ethnocentrisme est pour ainsi dire la caricature naturelle de l'universalité [...][122]

Contrairement à ce que prétendent les hexagonalistes, *l'universalisme républicain* n'est pas un antidote au racisme. Il est la feuille de vigne de l'impérialisme francilien.

Au début du XXIe siècle, le nationalisme français continue à s'abriter sous le masque de l'universalisme républicain, de l'assimilation.[123]

Mais enfin ! Il est bien normal que la civilisation françoise soit universelle puisque les Français sont une espèce qui a deux mille ans d'avance sur les autres, que la francophonie fait un homme d'un sauvage, que le français, c'est la langue de la liberté, que Paris, c'est

122. Tzvetan Todorov (1989) *Nous et les autres*. Seuil. pp. 21-22.

123. Benjamin Stora, dir. Dimitri Nicolaïdis (2002) *Oublier nos crimes*. Autrement. p. 205.

la Ville lumière, et que le cocker de ma tante se retient sur les Champs-Élysées tellement c'est la plus belle avenue du monde ! D'ailleurs *l'emblème national de la Cinquième République, le drapeau tricolore, est né sous la Révolution française de la réunion des couleurs du roi (blanc) et de la ville de Paris (bleu et rouge).*[124]

C'est à Paris, dans une ville qui ne manque pas vraiment de théâtres, de musées ni de salles de concerts, que le ministère de la Culture déverse le plus d'argent chaque année : 139 euros en moyenne par Parisien, contre 15 euros par habitant d'une autre région ! [...]

C'est à Paris que l'on compte le plus de classes préparatoires du pays – et souvent les meilleures ; là que l'on trouve les enseignants les plus expérimentés, tandis que les débutants sont envoyés faire leurs armes dans des contrées réputées reculées (la « province »), voire hostiles (les « banlieues difficiles », selon la litote en usage). C'est encore là que l'on recense le plus de fonctionnaires par habitant. [...]

« Ce déséquilibre est voulu par l'État » [...] *Non seulement les Parisiens disposent objectivement d'avantages que certains n'ont pas, mais ils imposent souvent leurs points de vue aux autres. « Qu'il s'agisse de la politique, de la culture, de l'économie, des*

124. Sur le site de l'Élysée.

médias, l'immense majorité des décideurs habitent dans cette ville. L'opinion de ces personnes a forcément une influence sur les mesures qui sont prises, lesquelles sont très souvent parisiano-centrées ».[125]

Elle me l'a dit recta, tata : ici, il faut un Voltaire ter :

L'esprit d'une nation réside toujours dans le petit nombre qui fait travailler le grand, est nourri par lui et le gouverne.

Dans la foulée de François-Marie Arouet, je souligne ici la bonne foi patente de ce célèbre extrait de la constitution française :

Son principe [celui de la République] *est : gouvernement du peuple, par le peuple et pour le peuple.*

Alors que – le lecteur soigneux aura rectifié – il s'agit du *gouvernement de la bourgeoisie francilienne, par et pour elle-même.*

Comme l'a expliqué le dangereux exalté Michel Rocard : contrairement à l'Allemagne, par exemple, la France n'est pas un pays ethniquement homogène. On y trouve des Germaniques (les Français de souche[126] en sont bien qu'ils s'en défendent – voir chapitre suivant), des Celtes, des Scandinaves (Normands), des Basques, des Latins (ces derniers étant divisés entre

---

125. Michel Feltin-Palas (12 août 2021) *Argent, culture, services publics… Les Parisiens sont-ils vraiment privilégiés ?* (L'Express).

Voir Références média p. 247.

126. C'est-à-dire la plupart des habitants blancs d'un vaste Bassin parisien.

Corses, Occitans et Catalans), et pléthore de peuples d'outre-mer. La France s'étant construite en agrégeant des territoires à celui de l'ethnie militairement dominante (les Français de souche), plutôt que par adhésion volontaire, les hexagonalistes ont toujours eu une peur panique de voir les Alsaciens, les Bretons, les Catalans, etc., relocaliser leurs démocraties et prendre leurs vies en main sans plus dépendre de Paris. (Détail incroyablement surprenant: la région Île-de-France est la seule à ne compter aucun mouvement indépendantiste!) La bourgeoisie francilienne n'aurait alors plus de pouvoir sur personne à part elle-même, et son niveau de vie se trouverait forcément réduit.

C'est l'unification politique de vastes territoires qui, en pompant toutes les énergies vers quelques centres énormes, a rendu stérile toute entité de moindre taille.[127]

Alors puisque cette population ingrate n'est pas homogène et que l'eugénisme n'est pas encore vraiment à la mode au XIXe, le mieux est encore d'*inventer une race* et de persuader les attardés qui n'ont pas eu la bonne idée de naître *François*, qu'ils en font partie. *Tabula rasa* et vive le Français nouveau: les peuples de métropole sont fondus dans un magma francilianisé, une production artificielle de son État-nation et de son roman national.

127. Olivier Rey (2014) *Une question de taille*. Stock. p. 88.

6. C'est un beau roman…

La guerre franco-prussienne de 1 870 – 71 et la défaite de Sedan, qui précipite la création de la IIIe République, provoquent un malaise chez les Français de souche : ils souffrent de leur germanité, leur substrat d'outre-Rhin les gêne, un peu comme des chaussures mal ajustées.

Encore aujourd'hui, personne en France ne sait qui est Karl von Herstal, ce héros n'est connu que par son célèbre surnom : *Charlemagne* (Karel de Grote en néerlandais, Karl der Große en Allemand). Pareil pour son papa : il s'appelait Monsieur *Le Bref* et surtout pas Pepin von Herstal. Et sa maman avait comme nom de famille *Au grand pied* (un matronyme courant chez les Franques dont l'hypertrophie podale est proverbiale). Elle ne s'appelait donc pas Bertrada van Laon. (Laon est une petite ville de Picardie à soixante kilomètres de la frontière belge d'après la LPO.) Quant au papa de Monsieur *Le Bref*, sa véritable identité était *Charles Martel* et surtout pas Karl von Herstal aussi. (Ben oui : le grand-père et le petit-fils s'appelaient pareil.) *Martel* (marteau en occitan ; en catalan : *martell*), c'est le surnom que lui ont donné les Occitans parce que ce bon Karl appréciait particulièrement le marteau d'armes (une sorte d'ouvre-boîtes rudimentaire mais efficace pour percer les armures) que les Sarrasins ne sont donc pas les seuls à avoir pris en plein carafon, les Occitans aussi en conservent un souvenir ému.

Pour élucider cette curieuse aversion onomastique et identitaire, et enfin éclaircir le mystère de cette âme françoise si exotique pour les Catalans, je vais maintenant revenir rapidement sur quatre points consensuels de l'histoire de France officielle :

A. Charles Martel qui arrête les Arabes, c'est de la flûte.

B. Charlemagne était Belge.

C. La Gaule n'a jamais existé.

D. Vercingétorix était gay.

A. Karl von Herstal, né à Andenne, dans l'actuelle Belgique, dit *Charles Martel*, n'a pas arrêté les Arabes. Ni à Poitiers ni ailleurs. Déjà parce que « les Arabes », en l'occurrence, c'est (volontairement ?)

partiel. La bataille de Poitiers (qui a eu lieu près de Tours !) oppose en fait :

– d'un côté des troupes de l'Émirat d'Al Andalus (Sarrasins, Wisigoths, Celtibères et Ibères tout court) venues piller le Duché d'Aquitaine et repartir à la maison, pas pour conquérir le Royaume franc, comme le raconte le roman national ;

– de l'autre, l'armée de Karl (Francs et Burgondes) venue à la demande de son ex-ennemi Eudes, duc d'Aquitaine et de Vasconie, qui craint que ses troupes (Basques) ne subissent une attaque de grande envergure menée par Abd el Rahman ibn Abd Allah el Ghafiqi (ses potes l'appellent juste Abdel), le gouverneur général de l'Émirat.

Karl descend donc vers le sud, écrase les razzieurs près de Tours, arrive à Toulouse où Eudes le reconnaît comme suzerain, et constate qu'en définitive il n'y a pas de risque d'invasion venant d'Al Andalus. Contrarié d'avoir fait le voyage pour rien, il décide de ne pas rentrer à vide et continue ses vacances en pillant et mettant à sac le Languedoc (Occitanie administrative actuelle) et la Provence, et non pas en délivrant les pauvres autochtones des méchants Arabes, comme le raconte l'affabulation nationale. Et pour cause : les proto-Occitans, qui sont Chrétiens ariens[128], préfèrent

128. Branche non trinitaire du christianisme (rien à voir avec *Aryen*).

avoir affaire avec les Musulmans, qui respectent à peu près la liberté de culte moyennant impôt, plutôt qu'avec les Francs, qui sont Chrétiens tout court et férus de macchabées hérétiques.

Bref: Charles Martel était un bandit de grand chemin belge, et Poitiers, ça vaut le coup surtout pour le Futuroscope.

B. Désigner les souverains par leur surnom est courant. Mais n'utiliser que leur sobriquet et passer sous silence leur nom, qui le plus souvent indique leur origine, est plus rare et pas anodin. Herstal, berceau des Carolingiens, est une petite ville située sur le territoire de l'actuelle Belgique, tout près des frontières allemande et néerlandaise...

En France, cette manie consistant à dissimuler l'identité des rois sous leur surnom date donc de 1871. À l'époque, les hexagonalistes sont de mauvaise humeur: ils ne supportent pas d'avoir perdu la guerre, l'Alsace et la Lorraine. Ils décident alors, dans un accès de vivacité intellectuelle, que l'Allemagne remplacera dorénavant l'Angleterre comme ennemi héréditaire. (Un statut qu'ils avaient accordé à l'Albion dans un éclair de sagacité après la défaite d'Azincourt.) Hélas, cette idée étincelante comporte une difficulté: les Français de souche et les Allemands ont les mêmes ancêtres, les Francs.

Va faire d'un cousin un ennemi héréditaire… Pour remédier à cette ascendance devenue infamante (elle était jugée plutôt sexy avant la guerre), Ernest Lavisse, historien officiel de la Troisième République, dégermanise les rois francs dans ses manuels scolaires en préférant donc leurs surnoms à leurs noms. Ils étaient Germains, ils deviennent Français et surtout pas autre chose, et tant pis si les Belges considèrent avec raison que ces monarques appartiennent à une dynastie bien de chez eux.

Au cours du chapitre qui traite des « rois carolingiens » [dans un manuel scolaire de Lavisse], *on finit par oublier que ceux-ci sont des Francs, c'est-à-dire des Germains. On montre une école dans le palais de Charlemagne, mais Aix-la-Chapelle* [en vrai : Aachen, en Allemagne] *n'est pas indiquée et une carte de l'empire de Charlemagne ne montre que des villes françaises, dont naturellement Paris !*[129]

Stigmatisés par la guerre de 1870 – 71 (et deux conflits mondiaux ensuite), les Francs ne sont donc plus des Germains ni les ancêtres de qui que ce soit, pas même des Français de souche : ce rôle est désormais réservé aux improbables Gaulois. Ces malheureux Francs survivent depuis en fantômes de l'histoire dont on ne sait trop que faire… Chlodwig et

129. Citron, op. cit. p. 48.

son vase, Dagobert et sa culotte, Karl et son marteau, Bertrada et ses godasses... Ils sont hors-sol et honteux, sans origine ni descendance. C'est tellement triste...

Enfin... pour chagrin qu'il soit, ce complexe germanique apparent a tout de même un avantage pour les hexagonalistes : en dissimulant les Français de souche, il produit une confusion entre ethnonyme et gentilé, donnant ainsi, comme les pseudo-ancêtres gaulois, l'illusion d'une homogénéité aux Français par synecdoque, qui restent donc seuls détenteurs du nom.

Jusqu'au XVIIIe siècle, le mot « nation » désignait un groupe de personnes ayant une même origine ethnique (le latin natio vient de nascere : « naître »). La Révolution française en a détourné le sens en créant le premier État-nation, c'est-à-dire une entité politico-juridique au sein de laquelle la nation est constituée de toutes les ethnies d'un État, quelles que soient leurs origines. Or et malheureusement, un État-nation est toujours la création d'une ethnie colonialiste qui en annexe d'autres, souvent après les avoir vaincues militairement (marre de citer Rocard et surtout Voltaire).

Dans un État-nation, le nom de l'ethnie dominante est presque toujours différent de celui donné à l'ensemble des populations. Par exemple : en Espagne, il y a les Castillans et les Espagnols (que la langue castillane soit appelée « espagnol » témoigne d'ailleurs moins de sa fonction véhiculaire que de l'hégémonie castillane). Avant la chute du mur, il y avait les Russes (dont l'impérialisme ne se dément pas) et les Soviétiques. Au Royaume-Uni, il y a les Anglais et les Britanniques. Aux Pays-Bas : les Hollandais et les Néerlandais... Parmi ces Pays-Bas se trouvent, outre la Hollande, par exemple le Brabant et la Zélande. Et si les Brabançons et les Zélandais sont incontestablement Néerlandais, jamais ils ne diront qu'ils sont Hollandais. Tout comme ma copine écossaise Trudi, qui est fatalement Britannique mais qui bien sûr n'a jamais eu l'idée saugrenue de se prétendre Anglaise, même après huit pintes.

Et puis il y a la France. En France, c'est différent: il y a les Français et... les Français. Bref : il n'existe plus en France que des Français uniformes de Dunkerque à Perpignan, des Français qui ont tous des ancêtres Gaulois, qui doivent tous parler la langue d'Île-de-France et la parler avec l'accent de la bourgeoisie parisienne ; rien que des Français et surtout pas autre chose, des Français dont les valeurs sont bien sûr universellement françaises, dont le drapeau porte les couleurs de Paris et du roi de France, des Français standardisés qui vont éructer leur cocarderie au stade de...

Je crois que le seul pays – avec la France – à avoir imposé le nom de son ethnie dominante à l'ensemble de ses populations, c'est la Turquie. Ce qui n'a rien d'étonnant : Mustapha Kemal était un grand admirateur de la Révolution française dont il a intégré le jacobinisme jusqu'à contraindre les indigènes arméniens (les rares ayant survécu au génocide), grecs et kurdes, à choisir entre l'exil et l'assimilation à la majorité turque.

> *L'ethnocide* [...] *admet la relativité du mal dans la différence : les autres sont mauvais, mais on peut les améliorer en les obligeant à se transformer jusqu'à se rendre, si possible, identiques au modèle qu'on leur propose, qu'on leur impose. La négation ethnocidaire de l'Autre conduit à une identification à soi.*[130]

Digression qui en a gros

La génialissime série télévisée Kaamelott est symptomatique de cet effacement germano-françois paradoxalement hégémonique. De nombreux peuples *y apparaissent* ou y sont mentionnés : Angles, Armoricains, Burgondes, Irlandais, Maures, Orcadiens, Pictes, Saxons, Romains, Vikings, Wisigoths… mais jamais les Francs. Ils sont pourtant beaucoup plus proches de Kaamelott que les Burgondes, les Saxons, les Maures ou les Vikings… Et puis c'est l'époque de Chlodwig et du Krug von Sexonas, épisode célèbre s'il en est…

— Alors pourquoi ne les voit-on jamais dans la série ?…

130. Clastres, op. cit. pp. 102-103.

— Sûrement parce qu'Alexandre Astier a fait sa scolarité en France.

Quant aux Wisigoths, s'ils appartiennent bien à bien l'univers de Kaamelott, ils n'y sont évoqués que comme habitants de l'Andalousie, ce qui constitue une erreur double :

– Le nom *Andalousie*, qui dérive de celui de l'Émirat-Califat d'Al Andalus, n'apparaît qu'au XIIIe siècle, huit cents ans après Kaamelott. Au Ve, la province porte encore son nom romain : *la Bétique*.

– Et à cette époque, le Royaume wisigoth ne se cantonne pas à la Bétique mais s'étend bien après les Pyrénées, jusqu'à la Loire, ce que l'éducation nationale française a toujours passé sous silence.[131]

C. Dans un souci de formatage du territoire, les hexagonalistes ont tenu, depuis 1789 – 93, à imposer leur nom, leur langue et leurs ancêtres aux populations de province.

La conscience historique des « Français » s'est d'abord – et abusivement – construite sur la mémoire d'une seule ethnie.[132]

Cette ethnie se trouvant donc dans un placard de l'histoire officielle en 1871, Ernest Lavisse

---

131. Malgré ses anachronismes involontaires : *Andalousie, maïs, Léodagan qui mime l'utilisation d'un potentiomètre…* (dont au bout du compte je me fous comme de mes premières *vigatanes*), je suis fan de *Kaamelott*.

132. Citron, op. cit. p. 119.

cherche d'autres peuples antiques à falsifier pour en faire les ancêtres communs aux populations du territoire métropolitain. Dans un premier temps, il pense aux Romains parce que Rome, quand même, c'est la grande classe. Mais ces fourbes de Ritals sont déjà sur le coup sous prétexte que Rome est leur capitale, que le Latium est au centre de la botte unifiée par Garibaldi, que l'Italie compte cent fois plus de vestiges romains que la France, que le latin est la langue officielle du Vatican... Bref : les arguments fallacieux habituels des *macaronis*. La mort dans l'âme, ce bon Ernest se résigne alors à mythifier les ancêtres bidon que son idole, Jules Michelet[133], a déjà tenté de fourguer aux populations de France pour unifier artificiellement le territoire : les Gaulois. Or, les Gaulois sont les Celtes qui habitent en Gaule et...

... la Gaule n'a jamais existé, César le dit même dès la première (et célèbre) phrase de son livre [La Guerre des Gaules] *:*

« Toute la Gaule est divisée en trois parties, dont l'une est habitée par les Belges, l'autre par les Aquitains[134]*, la troisième par ceux qui, dans leur langue, se nomment*

133. Auteur de fictions pour manuels d'Histoire. *Le Roman national français*, qu'il a composé au milieu du XIXe, est son œuvre la plus célèbre.

134. Proto Basques et Gascons.

Celtes, et dans la nôtre Gaulois. Ils diffèrent tous entre eux par le langage, les institutions et les lois. »

Autrement dit, la Gaule n'est que le nom d'un espace géographique, lui-même habité par des peuples très différents les uns des autres, dont certains sont appelés « Gaulois », par les Romains.[135]

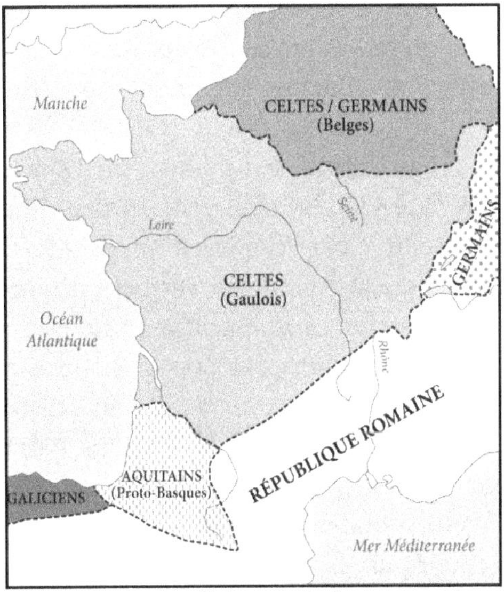

IIe siècle avant J.-C.

D. Comme tous les adolescents de l'aristocratie arverne à l'époque, Vercingétorix fait son éducation

135. Jean-Paul Demoule (2012) *On a retrouvé l'histoire de France*. Robert Laffont. p. 91.

et ses classes militaires chez les Romains. Et il est plutôt doué. Et il finit par devenir un *contubernale*, c'est-à-dire un *compagnon de tente* de César. Un statut fort privilégié... pas nécessairement intime, mais proche. Conséquemment, afin d'éviter toute ambiguïté – qui entacherait forcément la virilité hexagonaliste –, nombre d'ouvrages historiques français préfèrent taire le passé romain de Vercingétorix. D'autres racontent poussivement qu'avant la guerre des Gaules, César et l'Arverne étaient... hum... *amis*... Sans jamais bien sûr laisser supposer que leur lien put être un peu différent. Comme celui entre Héphaestion et Alexandre, par exemple. Ou Achille et Patrocle, Verlaine et Rimbaud, Batman et Robin, Rox et Rouky... Bref: les préjugés malpropres mais heureusement contre-productifs qui poussent certains historiens à exclure l'homosexualité des romans nationaux mènent naturellement à cette conclusion : César et Vercingétorix étaient amants.

Mais pourquoi – me questionneront légitimement les esprits vigilants –, pourquoi rapporter cette anecdote, alors que l'orientation de Vercingétorix, je m'en cogne le cristallin avec une porte-fenêtre? Eh bien parce que je suis sûr qu'elle doit hérisser les hexagonalistes (surtout de droite) qui ne sont généralement pas dépourvus de préjugés malpropres.

En conclusion de ce chapitre politiquement correct : Ernest Lavisse était, entre autres, conseiller ministériel, membre de l'Académie française et fondateur de la *Ligue pour la défense des intérêts vitaux de la France et de ses colonies*. Ses manuels ont intoxiqué les minots jusqu'en 1960, Astérix a pris le relais.

Résultat : de nos jours, les populations de France descendent d'une imposture intellectuelle et personne dans le pays ne sait qui est Bertrada van Laon, quand tout le monde a entendu parler de *Berthe au Grand Pied*… Si le ridicule tuait, l'éducation national(ist)e française connaîtrait une saignée démographique.

Arrivé ici, le lecteur attentif se dit sûrement que, depuis quelques pages, je parle davantage de la France que de la Catalogne. Et c'est normal. Comme je l'ai précisé dans l'avant-propos : cet ouvrage dit moins ce qu'est la Catalogne que ce qu'elle n'est pas. Et la Catalogne, c'est pas la France. C'est mieux.

7. François *low cost*

La Troisième République, qui a produit le joli roman national évoqué au chapitre précédent, est la seule dont la *constitution* (en fait les lois constitutionnelles de 1875) ne s'encombre pas d'un préambule pétri de grands principes comme la liberté, l'égalité et la fraternité (pourtant hypocritement inscrits à l'époque aux frontons des édifices publics). Et c'est bien dommage puisque, dans sa législation, cette république se permet allègrement de discriminer certains êtres humains. C'est *le temps béni des colonies* républicaines : les indigènes sont sujets de la France sans en être citoyens. Il n'y a pas de droit du travail, pour eux. Pas de droit syndical, même avec Waldeck-Rousseau au ministère de l'intérieur. Pas de droit de réunion non plus. Ils doivent observer un couvre-feu, ils subissent l'impôt par capitation, ils votent dans des bureaux qui leur sont réservés et où une de leurs voix vaut le quart de celle d'un citoyen français (les femmes, elles, ne votent pas du tout, quelle que soit leur couleur)… En fait, les indigènes ont surtout le droit de mourir à la guerre pour la France et pour la moitié de la solde d'un blanc.

[…] *tel est le problème que l'idée républicaine ne cesse de rencontrer sur son chemin – les colonisés reprennent la place de « sujets » qui avait été celle des Français sous la royauté* […][136]

Heureusement, le corpus législatif et réglementaire qui constitue le *Régime de l'indigénat* est aboli en 1946, les François ayant paraît-il compris, pendant la Deuxième, ce que ça fait d'être considérés comme une *race inférieure.*

Pourtant, de nos jours, dans une plaquette publiée par le ministère de l'Éducation nationale, on trouve ça :

L'observation de cartes affichées dans les classes sous la IIIe République peut introduire le thème de la question coloniale. Cette question est liée à la problématique d'ensemble parce qu'elle s'est forgée

136. Laënnec Hurbon, dir. Jean-Marc Regnault (2006) *La loi de 1905 et les colonies. Archives de sciences sociales des religions, no 136/oct.-déc. 2006.* Éditions de l'EHESS. p. 131.

*autour de l'idéal républicain d'*une grande nation civilisatrice.[137]

– Une grande nation qui croit donc toujours qu'elle fut, dans ses colonies, seule civilisée au milieu des sauvages. (Un point de vue amplement partagé dans les grottes fumantes du Dahra...)

– Une grande nation dont le député abolitionniste Victor Schœlcher (dans les pas de Jacques Pierre Brissot), assure que des Noirs émancipés ne seraient qu'*une vaste pépinière de mendiants et de prolétaires.*

– Une grande nation dont 16 % des habitants sont victimes de discrimination à l'embauche à cause de leur accent.[138]

– Une grande nation dont le ministre (Parisien né à Paris) Jean-Michel Blanquer fait illégalement saisir le Conseil constitutionnel par des parlementaires[139], à leur insu et en reproduisant fraudu-

137. Éduscol (2016) *Cycles 2 3 4 Histoire – Géographie, Thème 1 – Le temps de la République*. Ministère de l'Éducation nationale.
138. Jean-Michel Aphatie & Michel Feltin-Palas (2020) *J'ai un accent, et alors ?* Michel Lafon. p. 234 (étude Ifop).
139. Michel Feltin-Palas (25 mai 2021) *La France veut-elle vraiment tuer ses langues régionales ?* L'Express.
Voir Références média p. 247.

leusement leur signature (!)[140], afin d'abroger des articles clés de la Loi Molac sur la promotion des langues indigènes (mai 2021). Une loi pourtant adoptée deux semaines plus tôt à l'assemblée par 247 voix contre 76…

Si si, ça se passe en Europe.

Nous craignons que l'adoption et l'application de cette décision [la censure de la loi Molac] *puissent entraîner des atteintes importantes aux droits humains des minorités linguistiques en France.*[141]

– Une grande nation dont plusieurs dictionnaires disent ceci en 2023 :

Hâbleur – euse, adj. et subst.

Synon. baratineur, Bordelais, charlatan, Gascon, fanfaron, imposteur, Marseillais, matamore, Méridional, menteur, vantard.[142]

– Une grande nation où Jean-Michel Aphatie fait ce constat :

---

140. Députés ayant dénoncé leur *signature* (ce qui n'a pas empêché le Tribunal constitutionnel, malgré l'absence de quorum, de mener sa procédure à terme) : Sophie Beaudouin-Hubière, Zivka Park, Florence Provendier, Emmanuel Maquet, Michèle Peyron, Dominique Da Silva, Célia de Lavergne, Monique Limon, Danielle Brulebois, Sereine Mauborgne.

141. Alexandra Xanthaki, Fernand de Varennes et Koumba Boly Barry, Rapporteurs spéciaux sur les questions relatives aux minorités. ONU.

142. Centre National de Ressources Textuelles et Lexicales (2023).

Les intonations régionales restent un véritable facteur de discrimination. [...] *La machine audiovisuelle demeure extraordinairement normative et fonctionne avec les mêmes a priori que ceux qui ont longtemps fermé les portes de la télévision aux Noirs et aux beurs.*[143]

– Une grande nation où un cadre du service public peut dire, dans un média national :

Les têtes qui dépassent, on les renvoie dans leurs régions. Si un journaliste perpignanais avec un accent à couper au couteau arrivait à la télévision, bah, non, je vais pas le prendre.

Une discrimination à l'embauche flagrante et revendiquée, qui n'a fait réagir personne dans le milieu audiovisuel parisien...[144]

La question lancinante qui n'a jamais été vraiment posée dans cette deuxième partie où sont rapprochées les discriminations envers tous les

143. Jean-Michel Aphatie (05 avril 2018) dans l'article de Michel Feltin-Palas : *Cachez cet accent*... L'Express.
Voir Références média p. 247.
144. Pascal Doucet-Bon – Directeur adjoint des rédactions de France Télévisions (6 avril 2017) *Et là, c'est le drame*. Arte Radio.
Voir Références média p. 248.

indigènes de la République, qu'ils soient métropolitains ou plus lointains, trouve facilement sa réponse :

> C'est ce qui pousse Louis Aliot, alors qu'il vient d'être élu maire de *Perpignan la Catalane*, à renommer la ville : *Perpignan la rayonnante.*

> C'est ce qui fait dire à Marine Le Pen qu'*il n'y a pas de culture catalane en France*[145].

> C'est ce qui pousse un Mélenchon nostalgique à poster ce commentaire sous la photo d'un biffeton à *two thousand dinars* :

Ceci est un billet algérien. La langue commune [avant tout la sienne, étonnamment] *ne l'est plus. Tristesse.*[146]

> C'est ce qui fait dire à ce même Mélenchon qu'*il n'y a pas de minorités nationales en France*[147].

(La France est le seul pays d'Europe à interdire les tests de généalogie génétique. Rien de paternaliste,

---

145. Marine Le Pen (7 novembre 2018) *Quatre gats*. TV3 (télévision publique catalane).
Voir Références média p. 248.
146. Jean-Luc Mélenchon (2 novembre 2022) Twitter.
147. Jean-Luc Mélenchon (26 février 2012) Conférence de presse à Montpellier.
Voir Références média p. 248.

bien sûr, à empêcher les gens de connaître leurs origines.)

> C'est ce qui fait dire à Raquel Garrido qu'*il n'y a pas d'indigènes en France*[148].

> C'est ce qui pousse Manuel Valls à défiler dans les rues de Madrid avec l'extrême droite en criant : *La Catalogne, c'est l'Espagne !* (qui ressemble furieusement à : *L'Algérie, c'est la France !*).

> C'est ce qui fait dire à ce même Valls *que la Catalogne du Nord n'existe pas*[149].

> C'est ce qui a permis à Jean-Pierre Chevènement d'avoir Florian Philippot pour disciple et Paul-Marie Coûteaux comme conseiller.

> C'est ce qui pousse des Français ostensiblement républicains et laïques à soutenir la Monarchie national-catholique espagnole face à l'espérance d'une République catalane...

148. Raquel Garrido (16 décembre 2020) Twitter.
149. Manuel Valls (7 mars 2021) Twitter.

Rappel :

La France est la seule nation européenne qui soit la création militaire d'un État non homogène. Sa conscience historique s'est abusivement construite sur la mémoire d'une seule ethnie. Malgré l'existence d'une importante législation anti-discrimination, les membres des communautés minoritaires en France sont victimes d'une véritable discrimination raciale, ancrée dans les mentalités et les institutions.[150]

150. Rocard, Citron, McDougall.

TROISIÈME PARTIE

Esquisse flatteuse de la très démocratique Monarchie national-catholique espagnole

1. George et Abel

La Deuxième Guerre mondiale ne commence pas en 1939 mais le 17 juillet 1936, avec le putsch fomenté contre la République espagnole – et son gouvernement démocratiquement élu –, par Francisco Franco (FM) et d'autres officiers commandant les troupes stationnées au nord du Maroc, alors sous protectorat espagnol.

Après avoir été purgées (tout en douceur) de leurs éléments restés fidèles à la République, les garnisons de Ceuta, Melilla et Tétouan, passent le détroit de Gibraltar... sans problème : les Britanniques les laissent débarquer sans lever l'auriculaire gauche. La guerre civile d'Espagne vient de commencer.

¡ Muera la inteligencia ! ¡ Viva la muerte !

Franco est aussi abject que Mussolini, aussi criminel que Hitler, aussi hypocrite que Salazar, aussi crapuleux que Laval, aussi stupide que Pétain.[151]

À cette époque, l'Espagne est gouvernée par *el Frente popular* et la France par le Front populaire. Deux coalitions progressistes qui se disent *sœurs*. (La sororité, pour une certaine gauche française, c'est une notion assez floue.)

Le 8 août, alors que la guerre déjà fait rage, sous l'impulsion de la France, un pacte de non-intervention est ratifié par vingt-quatre pays européens (dont l'Allemagne et l'Italie) sur vingt-sept. Par ce pacte, ces pays s'engagent à ne pas prendre part aux combats et à respecter un embargo sur les armes à destination de la péninsule.

Un an plus tôt, l'Espagne avait versé 25 millions de livres sterling (± 1,76 milliard d'euros 2023) à la France pour s'assurer la livraison d'armes *en cas de besoin*. La signature du pacte de non-intervention par la France est donc une trahison. Et l'argent perçu, le fruit d'un vol.

De leur côté, l'Allemagne hitlérienne et l'Italie mussolinienne se moquent éperdument de ce pacte

151. Victor Alba (1946) *Insomnie espagnole*. Éditions Franc-Tireur. (Dans la préface de Jean Cassou.)

qu'elles ont pourtant signé : la légion Condor[152] bombarde Badajoz six jours après sa ratification (le *massacre de Badajoz* fait entre deux et quatre mille (!) victimes civiles). Fascistes et nazis s'engagent donc au côté de Franco (FM) dès le début du conflit. La France et la Grande-Bretagne, elles, s'abstiennent de soutenir la République.

Nombre d'historiens travaillent encore sur ce pacte de non-intervention et présentent des raisons qui expliquent (voire parfois justifient), ce refus d'aider l'Espagne républicaine. Un de ces arguments, plus dérangeant et plus rarement évoqué que d'autres, a été avancé notamment par Georges Orwell et Abel Paz qui – même le cocker à tata l'a noté – ne sont pas Français.

Georges Orwell est né en Inde où il a développé une forte aversion pour l'impérialisme (à commencer par l'impérialisme britannique, *of course*). Il est bien sûr l'auteur visionnaire de *1984*. Il a aussi écrit un livre dont on parle peu en France : *Hommage à la Catalogne*[153]. Orwell y raconte sa terrible expérience de volontaire dans les rangs de l'armée républicaine pendant la guerre civile. Il y explique aussi pour-

152. Force aérienne composée d'environ 20 000 volontaires nazis qui s'illustrera aussi à Guernica.

153. Georges Orwell (1938) *Hommage à la Catalogne*. Publié en 1955 chez Gallimard sous le titre *La Catalogne libre*, réédité en 2010 aux éditions Ivrea.

quoi la France a refusé d'intervenir dans le conflit. En gros : *parce que le Front populaire souhaitait la défaite du camp républicain.* Et ce par crainte de ses éléments révolutionnaires, POUM et CNT (trotskistes et anarchistes), qui étaient favorables à l'indépendance du Maroc espagnol.

La France n'a pas seulement refusé son aide à l'Espagne républicaine, elle a aussi encouragé (sans trop de peine) les communistes, aux ordres de Staline via Orlov, à commettre le pire :

En Espagne, la « ligne » communiste [détruire le POUM, la CNT et piller la banque d'Espagne] *fut, sans aucun doute, influencée par le fait que la France, alliée de la Russie, serait énergiquement opposée à un voisinage révolutionnaire et remuerait ciel et terre pour empêcher l'affranchissement du Maroc espagnol.*[154]

L'historien espagnol Abel Paz dit à peu près la même chose de cette trahison du *Frente popular* par le Front populaire :

Franco assurait à la France et à l'Angleterre un régime fort, qui garantissait la propriété privée mais aussi leurs positions en Méditerranée.

[…]

---

154. Georges Orwell (2010) *Hommage à la Catalogne*. Ivrea. p. 246.

José Giral[155] *envoie un télégramme à Léon Blum, en lui demandant des armes pour combattre l'insurrection militaire.* [...] *Mais la bourgeoisie française refuse. Blum se rend à Londres et là, on lui dit de ne pas s'en mêler, « qu'ils se tuent entre eux ». C'est là qu'il conçoit le pacte de non-intervention, c'est une manière de soutenir Franco et de perdre la République. La France qui était obligée d'aider refuse.* [...] *Il y a un accord qui date de 1904*[[156]] *entre l'Espagne et la France pour se répartir le Maroc : la France s'engage à aider l'Espagne au cas où l'Espagne ne pourrait pas garantir l'ordre. L'Espagne s'engage à ne pas accorder l'indépendance à la zone qu'elle occupe ni à appuyer d'autre puissance.* [...] *Blum avait beaucoup de problèmes dans le Maroc français et les Anglais avaient des problèmes en Égypte : « Si nous foutons le bordel dans le Rif, les soulèvements pourraient se répandre comme une traînée de poudre ».*[157]

Digression stratégique

[...] *des représentants du Comité d'Action Marocain*[158] *(Hamon Onazzani, Balajoj et El Fassi) se rendirent à*

155. Chef du Gouvernement en 1937-38.

156. *Accord de Madrid*, 3 octobre 1904.

157. Abel Paz (février 2001) *Entretien avec Miguel Riera ¿Hubo alguna vez una revolución en España?* Revue El Viejo Topo n° 149.

158. Parti politique indépendantiste.

Barcelone et le Comité Central[159] *signa un accord qui, une fois connu à Madrid (Largo Caballero ou Giral), fut rejeté par le gouvernement sous la pression, semble-t-il, de Léon Blum.*[160]

Ce plan du Comité Central des Milices Antifascistes consiste à prendre les franquistes à revers avec une offensive menée au Maroc par le Comité d'Action Marocain. Et la Catalogne est prête à financer ce plan sur ses fonds propres. Mais Madrid et Paris, capitales coloniales, refusent cette initiative qui ne leur coûte rien financièrement mais qui, en armant le CAM, peut entraîner la perte de leur souveraineté au Maroc.

[…] *La vérité manifeste, c'est qu'aucun effort ne fut tenté pour fomenter un soulèvement au Maroc, car c'eût été greffer une réalisation révolutionnaire sur la guerre. La première chose qu'il eût fallu faire pour convaincre les Marocains de la bonne foi du gouvernement, c'était proclamer aussitôt la libération du Maroc. Et nous pouvons imaginer si c'eût été agréable à la France !*[161]

---

159. Comité Central des Milices Antifascistes : entité créée par Lluís Companys qui s'est substituée à la *Generalitat de Catalunya* au début de la guerre civile.
160. Agustín Guillamón (septembre 2014) *Lettre de Diego Camacho* – Abel Paz était son nom de plume – *à Joan García Oliver* (3 décembre 1971). Balance. Cahiers d'histoire du mouvement ouvrier international et de la Guerre d'Espagne, n° 38.
161. Orwell, *op. cit.* p. 259.

Par ailleurs : une victoire républicaine mènerait au pouvoir une coalition révolutionnaire (dont le POUM et la CNT). Or les Britanniques craignent qu'une telle coalition ne leur conteste Gibraltar à l'approche d'une probable internationalisation du conflit. Et la France, quant à elle, redoute à raison qu'un gouvernement d'anarchistes et de trotskistes n'accorde son indépendance au Maroc espagnol, ce qui entraînerait inévitablement le soulèvement du Maroc français, puis, par *contagion*, celui de l'Algérie. *Comme une traînée de poudre.*

Pour préserver leurs intérêts stratégiques et coloniaux, le Royaume-Uni et la France laissent donc cyniquement les franquistes (de l'extérieur) et les communistes (de l'intérieur) faire la peau des Républicains. En février 1939, les accords Bérard-Jordana entre la France et l'état-major putschiste de Franco (FM), indiquent d'ailleurs ceci :

[...] *les deux Gouvernements* [!] *affirment leur volonté d'entretenir des relations amicales, de vivre en bon voisinage et de pratiquer au Maroc une politique de franche et loyale collaboration.*

Suite à ces accords, l'exemplaire République démocratique française reconnaît Franco (FM), allié des fascistes et des nazis, comme chef d'État légitime... Elle le reconnaît comme chef de l'État espagnol alors que la guerre civile n'est pas terminée, que des Républicains se battent encore dans *La Mancha*, le *País Valencià* et celui de Murcia... Les derniers rendront les armes deux mois plus tard, pour de vrai, le 1er avril.

À peine huit ans avant l'arrivée de Hitler au pouvoir, Léon Blum, Juif et membre de la SFIO[162], prononce un discours qui fait un écho glaçant à celui donné par Jules Ferry en 1885 (p. 54) :

Nous admettons qu'il peut y avoir non seulement un droit, mais un devoir de ce qu'on appelle les races supérieures, revendiquant quelquefois pour elles un privilège quelque peu indu, d'attirer à elles les races qui ne sont pas parvenues au même degré de culture et de civilisation.[163]

– Le Front populaire de Léon Blum a trahi *el Frente popular* pour que la France puisse conserver sa domination sur le Maroc, et au-delà sur le Maghreb. Mais il a instauré les congés payés. Et c'est la seule chose que les hexagonalistes de tous bords ont envie de retenir.

– La France n'a pas fourni aux Républicains espagnols les armes pour lesquelles elle avait pourtant été payée.

---

162. Section Française de l'Internationale Ouvrière du Parti Socialiste.
163. Léon Blum (9 juillet 1925) *Discours à l'Assemblée nationale*. Journal officiel de la République française. p. 3316.

– La France a condamné l'Espagne à quarante ans de dictature pour pouvoir maintenir le Maghreb sous le joug de sa colonisation.

Parlons chiffon : cette crainte haineuse des populations opprimées du Maghreb, cette peur criminelle et foncièrement jacobine des indépendances, a poussé la République française à décorer son drapeau (déjà richement orné à l'occasion de hauts faits historiques), d'une fioriture supplémentaire qui témoigne que son honneur le dispute à sa dignité. De Điện Biên Phủ à Ouvéa, les Républiques suivantes n'ont pas démenti la tendance.

À la fin de cette guerre si vile forcément gagnée par la crème des démocraties européennes, la *Retirada*[164] jette 450 000 Républicains sur les routes, femmes et enfants inclus. De l'autre côté de la frontière, la plupart d'entre eux sont entassés dans des camps de concentration gentiment construits à leur intention par la République française, à ce moment-là dirigée par le radical-socialiste Daladier. Certains meurent de faim et de froid. Dans le camp de Prats-de-Mollo (et sûrement ailleurs), des préposés aux aisances se battent pour amener la tinette à la rivière : ils

164. Exode des réfugiés de la guerre civile, à partir 1939, vers la France et le Mexique.

espèrent trouver de la nourriture mal digérée dans les excréments. Des femmes sont violées par des matons, notamment des éléments du 24e régiment de tirailleurs sénégalais à Argelès-sur-Mer... Et, heureusement, des *guerilleros*[165] passent entre les mailles du filet pour rejoindre la Résistance ou les rangs de la *Nueve*[166].

En juillet 1940, 569 parlementaires très républicains (sur 670) votent les pleins pouvoirs au Maréchal. Puis vient *la poignée de main de Montoire* en octobre de la même année. L'ambiance est à l'allégresse hexagonaliste, la police de Vichy[167] se met au turbin et intercepte, en quatre ans, environ 7 000[168] *guerilleros*. Les agents de la vénérable institution policière française les remettent ensuite au délicieux Adolf, qui en cramera les deux tiers à Mauthausen.

165. Combattants républicains espagnols.

166. Neuvième compagnie du régiment de la 2e division Leclerc.

167. L'appareil d'État connaît très peu de démissions lors de l'instauration du régime de Vichy. Les fonctionnaires obéissent au nouveau gouvernement comme au précédent, ceux qui quittent leur poste sont rares, parmi eux, un seul magistrat : Paul Didier.

168. Ça fait à peu près deux fois moins de victimes que lors de la rafle du Vèl d'Hiv, mais la police ne peut pas toujours être au top.

2. L'Éden franquiste

Deux foires au boudin asymétriques marquent la Guerre civile et les trente-six ans de dictature qui suivent : les terreurs rouge et blanche.

A. La terreur rouge désigne les exécutions d'environ 75 000 franquistes – avant tout des prêtres – commises entre 1936 et 1939 par la coalition républicaine. (Les curés du Pays-Basque, qui eux n'ont pas rallié le camp putschiste, sont épargnés.)

B. La terreur blanche désigne les exécutions d'environ 275 000[169] Républicains entre 1936 et 1948, année où est abrogée la loi martiale qui permettait jusque-là aux militaires et aux policiers

169. Moyenne de deux estimations *raisonnables*.

d'assassiner impunément, avec sangria, paso-doble et banderilles, ceux qu'ils trouvaient désagréables. Cela dit, une fois cette loi abrogée, le régime ne devient pas pour autant une amicale de beatniks sous LSD : la torture et les exécutions expéditives restent courantes.

Durant cette période, l'Église ne se contente pas de subir la terreur rouge et de cautionner la blanche, elle sait aussi s'impliquer et dépenser utilement le denier du culte...

[...] *Le cardinal Eustaquio Ilundáin y Esteban, archevêque de Séville, fit don à l'armée d'une somme de 10 000 pesetas.* [...] *L'archevêque espagnol de Tanger versa à Franco 5 millions de pesetas. L'archevêque de Valence, Mgr Nelo, écrivit dans le quotidien Levante : « J'ai été un des promoteurs et organisateurs du mouvement fasciste espagnol. »* [...] *L'évêque de Pampelune annonça que cent jours d'indulgence seraient accordés à toute personne qui tuerait un marxiste. L'évêque des Canaries, dans une interview à La Libre Belgique, soutenait aussi une « guerre sainte, une croisade aussi digne de notre admiration que celle entreprise par saint Louis pour délivrer Jérusalem ».*[170]

170. David Wingeate Pike (2012) *L'Église et la guerre d'Espagne. Apports nouveaux* dans *Guerres mondiales et conflits contemporains* 2012/02 (n° 246). Presses Universitaires de France.

(Pour être exhaustif à propos du soutien de l'Église aux forces franquistes, il faudrait un deuxième tome.)

À partir de 1948, donc, les papouilles des uniformes se calment. Mais avant... la vengeance des franquistes est planifiée et méthodique : les opposants au régime sont envoyés en camps de concentration où ils sont le plus souvent exécutés. La police n'attend parfois pas jusque-là et les assassine à un coin de rue. Leurs corps sont ensuite jetés dans des charniers (4 000 environ pour 100 000 (!) *disparus*) dont la localisation est tenue secrète, effacée, oubliée... Un tiers des prêtres basques qui avaient refusé de soutenir Franco (FM) sont massacrés. Des milliers d'enfants[171] nés dans des familles républicaines sont kidnappés avec la complicité de l'Église : les bonnes sœurs qui gèrent les maternités les déclarent mort-nés et les placent ensuite dans des familles franquistes. Les prisonniers politiques qui attendent la mort dans les camps de concentration sont réduits en esclavage par le *Patronato de Redención de Penas por trabajo*[172]. Cette main-d'œuvre travaille gratuitement pour nombre d'entreprises (curieusement, les héritiers des patrons

171. Personne ne sait combien précisément – une instruction est en cours – mais sûrement entre trente et cent mille (!) de 1939 à 1980.
172. Patronage de rédemption des peines par le travail.

de l'époque ne sont pas favorables aux recherches historiques). Ces esclaves construisent aussi *El Valle de los Caídos*[173], le mausolée qui, jusqu'en 2019, a accueilli les tombes de Franco (FM) et Jose Antonio Primo de Rivera. Rien d'exubérant : juste une chapelle de 260 mètres de long taillée dans le granit et surplombée d'une croix en pierre de 150 mètres de haut (la plus élevée du monde, dont chaque branche latérale peut accueillir un bus). *El Valle de los Caídos* est aussi un ossuaire monumental où sont entassées sans distinction 33 000 dépouilles, franquistes et républicaines, les familles des secondes ayant bien sûr donné leur accord avec enthousiasme pour que leurs morts se retrouvent à côté de leurs ennemis dans une sépulture si respectueuse de leur mémoire...

Abolition des libertés (opinion, presse, expression), centralisme castillan, religion d'État, interdiction du travail des femmes mariées, abrogation du divorce, répression de l'homosexualité, parti unique, suppression de la presse d'opposition, répression des cultures indigènes, arrestations arbitraires, parodies de justice, incarcérations à durées indéterminées, esclavage, tortures... Le régime franquiste est un enchantement pour

173. La Vallée de ceux qui sont tombés.

l'Opus Dei, les militaires et les toreros, soit tout ce que l'Espagne compte d'ouvert, de tolérant et de progressiste. Pour les autres, forcément, c'est un peu moins récréatif. Dans l'éden franquiste, les indépendantistes, les homosexuels, les démocrates, les sardanistes athées et les cockers apatrides risquent, entre autres, le garrot. Et *el garrote*, c'est une technique raffinée de strangulation héritée de la Sainte Inquisition, un art subtil qui permet au bourreau de choisir la vitesse à laquelle il écrase un larynx, et donc le temps durant lequel le supplicié va prendre son pied avant que sa frétillante ne lui sorte de la bouche en une ultime grimace macabre. Cette réjouissance judiciaire est utilisée jusqu'en 1974. Et c'est un anarchiste catalan, Salvador Puig i Antich, dont le procès n'est qu'une bouffonnade inique, qui a l'honneur insigne, dérisoire et sublime, d'être le dernier en Ibérie à tirer la langue à ses tortionnaires.

Digression vénalo-franquiste

Pendant les presque quarante années qu'il a passées au pouvoir, Franco, en tant que chef d'État, a reçu beaucoup de cadeaux, parmi lesquels de somptueuses propriétés, des bijoux, des œuvres d'art. Et comme sa personne privée se confondait avec sa fonction publique, ces cadeaux ont intégré son patrimoine personnel, venant s'ajouter aux acquisitions immobilières et aux autres investissements que réalisait déjà son entourage, bien décidé à rentabiliser l'exercice fascisant du pouvoir.

[...]

Comment, trente-six ans après la fin de la dictature, les descendants de Franco peuvent-ils encore jouir des retombées de l'enrichissement personnel du dictateur, dont les biens ont été acquis au détriment du peuple et du patrimoine public espagnols ?

[...]

En Espagne, les Franco vivent des jours paisibles que ni le fisc, ni la classe politique dominante, ni la justice ne semblent avoir l'intention de venir troubler.[174]

---

174. Bruno Tur (1er décembre 2011) *La famille Franco se porte bien, merci.* Slate.fr.
Voir Références média p. 248.

3. La Transition sacrée

En 1969, dans une interview donnée à la télévision suisse et dans un français presque parfait, Juan Carlos de Whisky Coca explique tout le mal qu'il pense de Franco (FM) :

Juan Carlos de WC : – *Le général Franco est vraiment une figure décisive historiquement et politiquement pour l'Espagne. Il a su nous sortir... résoudre notre crise de 1936. Après ça il a joué politiquement pour nous sortir de la Deuxième Guerre mondiale, et à part ça, pendant ces derniers trente ans, il a mis les bases pour un développement que de nos jours vous-même vous pouvez constater.*

Le journaliste : – *Et pour vous, personnellement, que représente le général Franco ?*

Juan Carlos de WC : – *Pour moi c'est un exemple vivant, jour à jour par son dévouement patriotique au service de l'Espagne, et à part ça, j'ai pour lui une très grande affection et admiration.*[175]

* Les Catalans n'ont pas de roi !

C'est l'évidence : Juan Carlos de WC est fin prêt dès 1969 pour succéder à son idole. Et il n'aura pas longtemps à attendre.

Deux ans avant son intronisation, en 1973, l'Espagne s'en remet à des ingénieurs basques pour rattraper son retard en matière de conquête spatiale. Cette bonne idée aboutira à la mise sur

---

175. *Extrait d'un portrait de Juan Carlos de Whisky Coca diffusé par la Télévision suisse en 1975.* INA.
Voir Références média p. 248.

orbite de l'amiral Luis Carrero Blanco, membre de l'Opus Dei et successeur officiel du dictateur (FM) comme Premier ministre dans la monarchie à venir. Malheureusement, le brave homme ne survit pas à l'atterrissage de sa voiture. Torcuato Fernández-Miranda, élève au collège de l'Immaculée Conception et professeur de droit de Juan Carlos de WC, lui succède alors par intérim. Puis vient le tour de Carlos Arias Navarro, dit *El carnicero de Málaga*, soit : le charcutier-traiteur de Malaga, une ville où cet honnête commerçant a officié pendant la guerre. Et puis... un triste soir de novembre 1975, ce même désentripailleur de Républicains annonce à la télévision, avec un trémolo touchant dans les cordes : *Españoles... Franco... ha muerto*. Ma *iaia* Rosa me l'a avoué : ce soir-là, c'est toute la Catalogne qui a pris une cuite.

Mais le soulagement est de courte durée pour ceux qui espéraient un retour de la République (Basques, Catalans et tous les progressistes de la péninsule) : deux jours après, Juan Carlos de WC est sacré roi. Et il dit ceci lors de son discours d'investiture :

[...] *Une figure exceptionnelle entre dans l'histoire. Le nom de Francisco Franco sera un jalon dans les évènements espagnols, une étape à laquelle il sera impossible de ne pas se référer pour comprendre la clé de notre vie politique contemporaine.* [...]

Très vite, des grèves et des manifestations sont déclenchées dans le pays, mais aussi en Catalogne et au Pays-Basque, notamment à Sabadell et Vitoria-Gasteiz où le nouveau roi fait réprimer les fauteurs de troubles à grands coups de bottes dans leurs dents basco-catalano-républicaines (cinq morts par balles à Vitoria).

Le contretemps passé, ce garçon sensible et bohème entame son règne tambour battant en remplaçant le Premier ministre franquiste qui fut boucher à Malaga par un Premier ministre franquiste au prénom positif et printanier : Adolfo Suárez. Et une des premières mesures prises par ce dernier est de condamner à mort, par encornade publique dans une arène bondée, tous les opposants à la monarchie… Oui, bon… C'est un poil plus subtil et moins rigolo, vu que Suárez est un franquiste sournois : il promet la légalisation des partis et syndicats antifranquistes s'ils acceptent la monarchie. Le PC et le PS font alors le deuil de la République pour participer au pouvoir. La CNT, elle, refuse et reste clandestine. Suárez soumet aussi à un référendum la *loi pour la réforme politique* (adoptée à 94 %), qui permet la dissolution du régime et le début de la *Transition démocratique*. Pour une certaine bourgeoisie, l'Église et les militaires, cette loi est une catastrophe mais ils s'y résolvent, sachant qu'un changement est inévitable : au Portugal, la révolution des Œillets a renversé le régime de Salazar depuis deux ans déjà, le premier choc pétrolier (1973) commence à produire des effets désastreux sur l'économie, et la Communauté européenne ne voudra jamais intégrer une dictature. L'Espagne se trouve bien seule au bout du continent... Alors les franquistes acceptent la transition. Mais vers une monarchie à leur botte, comme le souhaitait Franco (FM) ; vers la république, c'est exclu. Suárez fait rédiger une nouvelle constitution par :

– Manuel Fraga Iribarne, phalangiste et ancien ministre franquiste ; fondateur du parti monarchiste post-franquiste *Alianza Popular*.

– Gabriel Cisneros Laborda, phalangiste et fonctionnaire de l'administration franquiste ; membre du parti monarchiste *Unión de Centro Democrático*.

– Miguel Herrero y Rodríguez de Miñon, avocat au Conseil d'État sous Franco (FM) ; membre du parti monarchiste *Unión de Centro Democrático*.

– José Pedro Pérez-Llorca, fonctionnaire de l'administration franquiste ; membre du parti monarchiste *Unión de Centro Democrático*.

– Gregorio Peces-Barba, membre du Parti Socialiste qui s'est engagé à ne pas s'opposer à la Monarchie.

– Jordi Solé Tura, membre du Parti Socialiste qui s'est engagé à ne pas s'opposer à la Monarchie.

– Miquel Roca i Junyent, membre de *Convergència Democràtica de Catalunya*, un parti autonomiste tiède de centre droit jusqu'en 2016, où il devient *el Partit Demòcrata Europeu Català*, plus musclé et indépendantiste sous la présidence de Carles Puigdemont.

Cette constitution est donc celle – quelle surprise ! – d'une monarchie parlementaire qui est présentée à la population, par le gouvernement et la plupart des médias, comme seule alternative à un retour de la guerre. Puis elle est soumise à une validation référendaire...

La deuxième république espagnole n'a pu être abolie par les putschistes franquistes que grâce à leur alliance avec deux puissances étrangères : l'Italie fasciste et l'Allemagne nazie.

À la mort du dictateur (FM), une troisième république semble donc logique pour succéder à la deuxième (à moins que j'aie raté le cours préparatoire à mon insu). Tout comme la Quatrième République française a succédé à la Troisième après la chute de l'État français. Une nouvelle république espagnole, ce serait une façon de reprendre les choses là où la volonté populaire les avait laissées bien malgré elle... Ou bien, pour établir clairement ce que souhaite la population, faut-il poser la question suivante lors du référendum constitutionnel :

Voulez-vous que l'Espagne

☐ *Devienne une monarchie parlementaire*

☐ *Reste franquiste*

☐ *Devienne une république*

Un sondage[176] secrètement commandé par Adolfo Suárez dès 1970, indique ces résultats : 20,8 % pour la monarchie ; 29,8 % pour la continuité franquiste ; et 49,4 % pour la République (cinq autres sondages secrets donnent des résultats identiques).

Or, Suárez est respectueux de la volonté du dictateur (FM), qui tient à ce que Juan Carlos de WC lui succède. Alors, en 1978, il enterre les sondages, fait rédiger la constitution monarchique et impose un autre choix aux votants. Celui-là :

Approuvez-vous le projet de constitution ?

☐ *Oui* ☐ *Non*

(Attention : voter « non » pourrait entraîner la guerre.)

[...] *il existait dans la société, après la mort du dictateur, beaucoup d'incertitude et de peur. Cette dernière, largement imputable à la mémoire*

176. Raúl Magallón Rosa (2021) *1969-1977. La construcción de la imagen de la monarquía española a través de las encuestas.* Hispania Nova. pp. 421-448.

traumatique de la Guerre civile, et réactivée par la possibilité d'une réaction des militaires et de la droite franquiste face au nouvel élan démocratique, a été omniprésente tout au long du processus.[177]

Exténuées après trente-six ans tyranniques, les populations d'Espagne valident le texte le 6 décembre 1978, avec 88 % de votes favorables et 67 % de participation. *Todo ha quedado atado, y bien atado.* Mais ça, c'est pas un référendum. C'est une arnaque.

Cette fois, la République est vraiment perdue, étouffée par les machinations sordides de la dictature pourrissante. Pour autant, la monarchie n'est pas légitime : elle n'existe que parce que Franco (FM) et ses disciples putschistes, qui ont pris le pouvoir grâce aux fascistes et aux nazis, ont trompé les électeurs avec une escroquerie référendaire. Et les peuples d'Espagne trouvent aujourd'hui à leur tête l'héritier d'une longue lignée de clowns consanguins...

Dix ans avant cette arnaque, en 1968, l'Espagne avait cyniquement mais logiquement refusé de signer la *Convention sur l'imprescriptibilité des crimes de guerre et des crimes contre l'humanité*

177. Paloma Guilar Fernandez (2003) *L'héritage du passé dans la transition espagnole*. Matériaux pour l'histoire de notre temps, n° 70.

produite par l'ONU. Adolfo Suárez profite de cette entorse (jamais guérie[178]) au droit international, pour promulguer, comme une sorte de préambule à la nouvelle constitution, la loi d'amnistie du 14 octobre 1977. Pour faire voter ce texte, le gouvernement se sert de l'amnistie réclamée pour les prisonniers politiques qui croupissent en prison. Et cette loi, certes, les amnistie. Mais elle met dans le même sac absolutionnel les agents de l'État responsables des crimes commis pendant la guerre civile et dans l'Espagne franquiste, à qui elle assure par conséquent l'impunité. Dite *pacte d'oubli*, cette loi protège donc les assassins et tortionnaires du régime, des tracas que veulent leur causer de mauvais coucheurs qui souhaitent savoir ce que sont devenus leurs proches disparus de 36 à 75. *C'est l'amnistie de tous pour tous, l'oubli de tous pour tous* [...] *parce que des crimes de sang ont eu lieu de chaque côté* [...] affirme le parlementaire Xavier Arzalluz... C'est vrai, les deux camps ont commis des horreurs.

– Les Républicains de 1936 à 1939 (il paraît que c'est courant à la guerre). Ensuite, plus grand-chose à part quelques animations pyrotechniques basques qui ont joliment égayé la dictature.

178. Ni la France ni l'Espagne n'ont ratifié cette convention.

– Les franquistes de 1936 à 1975, leur arrivée au pouvoir, en 39, ne les ayant pas blasés d'incarcérations arbitraires, de tortures raffinées et d'exécutions sommaires. Rappel : 4 000 charniers, 100 000 *disparus*, des dizaines de milliers d'enfants volés...

Pendant trente-six ans, les opposants au régime ont été incarcérés, torturés, exécutés... Et les bourreaux qui les ont incarcérés, torturés et exécutés sont, en 1977, graciés... comme leurs victimes. Aucun tourmenteur n'est condamné. Ni jugé. Ni même démis de ses fonctions... Au bout du compte, on peut dire qu'en Espagne, ce sont les coupables qui ont pardonné aux innocents, les bourreaux qui ont absous les victimes.

Il est essentiel, l'article 7 de la Déclaration des Droits humains, celui qui dit que nous devons être égaux devant la loi. Mais deux êtres humains égaux devant une loi injuste ne sont pas égaux.

Trente ans plus tard, en 2007, une *loi sur la mémoire historique* est enfin votée, qui prévoit *l'extension des droits et le rétablissement des moyens en faveur de ceux qui ont souffert de persécution ou de violence durant la Guerre civile et la Dictature*. Hélas, elle ne permet pas d'ouvrir les fosses où gisent leurs victimes. Hélas encore, en 2011, Mariano Rajoy, catholique fervent, centraliste ouvertement catalanophobe, président du gouvernement et du *Partido*

Popular, annonce fièrement que l'État ne donnera pas un euro pour financer cette loi. Et effectivement, durant son mandat, de 2012 à 2018, son financement est interrompu...

En Espagne, l'État n'a pas pu ni voulu entamer un véritable processus de réconciliation avec son passé récent. Cela a laissé le pays avec une démocratie de faible intensité, incapable de regarder en arrière de manière sincère.[179]

En 2016, une action lancée six ans plus tôt par la justice argentine[180] (qui se prévaut de sa compétence universelle afin de juger les crimes contre l'humanité, comme l'Espagne l'a fait pour juger Pinochet) permet néanmoins l'organisation de fouilles et l'ouverture de charniers. Puis, enfin, en octobre 2022, une loi sur la *mémoire démocratique* est votée qui, sans abolir le *pacte d'oubli* de 77, donne une base légale à la recherche et l'ouverture des fosses (elle ne permet ni la poursuite des bourreaux ni l'indemnisation des victimes, mais c'est un premier pas). Ce texte a occasionné des débats parlementaires très âpres au cours desquels le *Partido Popular* et *Vox* se sont montrés... les mots

179. Fernandez-Torne et Ouziel, op. cit.

180. À ce propos, voir l'excellent film *Le silence des autres – El silencio de otros* – (2018) d'Almudena Carracedo et Robert Bahar (produit par Pedro Almodovar).

qui me viennent ne sauraient trouver leur place dans un ouvrage de haute tenue comme celui-ci. Ces dignes partis de droite ont par ailleurs promis d'abroger la loi en cas de retour au pouvoir… Et des enfants aux cheveux blancs pleurent encore leurs vieux enfouis sous la terre amnésique de charniers perdus…

En Argentine, cela fait plus de trente-cinq ans que les grands-mères recherchent leurs petits-enfants ; en Espagne, ce sont les petits-enfants qui veulent savoir ce qu'il est advenu de leurs grands-parents. Qui les a torturés, qui les a assassinés, où sont-ils enterrés ? Qu'est-il arrivé aux 30 000 enfants volés, séquestrés par la dictature ? Qu'est-il arrivé aux plus de 150 000 disparus emmenés pour « être libérés » dans la nuit ? Pourquoi la lumière n'a-t-elle jamais été faite, pourquoi la justice n'a-t-elle jamais été rendue, pourquoi n'y a-t-il jamais eu réparation ? La mort de Franco remonte à quarante ans et pourtant des monuments et des rues le célèbrent ; pire encore, il est toujours vivant chez les phalangistes qui se prétendent démocrates et dictent lois et sentences.[181]

181. Luis Guillermo Pérez (24 mai 2014) *Le Voyage de la Justice*. Article sur le site de la Fédération Internationale pour les Droits Humains.
Voir Références média p. 249.

4. Mon Dieu et mon roi

Tout ceci se déroule donc dans une Espagne exceptionnellement, miraculeusement, suprêmement démocratique, qui fut représentée, jusqu'en 2014, par un souverain d'exception: Juan Carlos de WC. Un franquiste, un consommateur effréné d'esclaves sexuelles, un fraudeur fiscal qui s'est réfugié aux Émirats arabes unis, un massacreur d'éléphants en safari, un irresponsable à l'immunité garantie par la constitution, et un consanguin hypertrophié du pavillon. Dans la catégorie *humaniste 3XL*, il fait partie du tiercé de tête avec Gandhi et Desmond Tutu.

Après s'être emparé du pouvoir par un coup d'État militaire qui déboucha sur la guerre sanglante que l'on sait, Franco s'enrichit vertigineusement. Juan Carlos, hissé au pouvoir par le dictateur, se mit dans les pas de son prédécesseur et se constitua une fortune que le New York Times estime à plus de deux milliards [!] *d'euros. L'Espagne se montra aussi complaisante avec l'un qu'avec l'autre. Les héritiers de Franco continuent de profiter des biens accaparés par leur avide ancêtre et Juan Carlos bénéficie d'une impunité taillée sur mesure qui repose sur la fiction que l'évasion fiscale, entre autres infractions, fait partie des activités normales d'un chef d'État, ainsi que sur l'idée singulière que l'ancien monarque ne saurait redevenir un justiciable comme les autres.*[182]

Mais, bien sûr, ces errements coupables ont cessé et tout est rentré dans l'ordre en 2014, lorsque Juan Carlos de WC a abdiqué au profit de son fils, le scintillant Fifi VI dont le regard pénétrant évoque immanquablement celui de l'huître au four. Depuis, la dignité est revenue dans la maison royale et Juan Carlos de WC, devenu simple Roi Émérite, a cessé d'être entretenu par les contribuables espagnols. Enfin... catalans, surtout. Le pauvre ne dispose plus à présent pour subsister que de deux milliards d'euros... Son fils, quasi-indigent quant à lui, se contente de

182. Sebastian Nowenstein (2020) *Juan Carlos I, l'effondrement d'un mythe.* Blog sebastiannowenstein.org.

700 euros par jour (un smic espagnol toutes les 36 heures), dimanches inclus. Un traitement versé bien sûr par les contribuables espagnols. Enfin... catalans, surtout. Des contribuables catalans qui continuent donc de financer la dynastie usurpatoire de celui qui les a fait tabasser à Sabadell en 1978, et de son fils qui a fait de même en 2017 à Barcelone.

Il existe peu d'institutions moins démocratiques que la monarchie en Espagne. Mais celle-ci est aussi devenue le porte-drapeau des secteurs les plus réactionnaires du pays, ceux qui s'opposent à la gauche et la justice sociale, mais aussi ces ultra-nationalistes espagnols mobilisés contre l'indépendantisme catalan ou contre la réalité d'une Espagne plurinationale. La monarchie n'évoque pas seulement la corruption : elle est désormais associée aux obstacles qui empêchent l'Espagne de réaliser des avancées démocratiques.[183]

Arrivé ici, le lecteur attentif se dit sûrement que, depuis quelques pages, je parle davantage de l'Espagne que de la Catalogne. Et c'est normal. Comme

183. Pablo Iglesias (11 septembre 2022) *Pablo Iglesias : « Des politiques s'appuient sur les pans conservateurs de la justice pour freiner la gauche »*, Entretien avec Ludovic Lamant. Médiapart.
Voir Références média p. 249.

je l'ai précisé dans l'avant-propos : cet ouvrage dit moins ce qu'est la Catalogne que ce qu'elle n'est pas. Et la Catalogne, c'est pas l'Espagne. C'est mieux.

5. 01102017, le nombre de la bête

Le 28 juin 2010... Oui, je sais: intituler un chapitre *Premier octobre 2017* et l'ouvrir avec « le 28 juin 2010 », peut paraître baroque aux cartésiens. Mais, en Catalogne, le premier octobre 2017 a commencé fin juin 2010 et il se terminera... plus tard.

Je disais donc : le 28 juin 2010, le Tribunal constitutionnel espagnol annule 14 articles du nouveau statut de la communauté autonome catalane. Ce statut datait de 2006, il mettait à jour celui voté en 1979 dans la foulée de la constitution de 78, et amenait plusieurs changements importants :

A. La reconnaissance des Catalans comme nation et la co-officialité de la langue catalane en Catalogne (ça semble évident comme ça, mais je rappelle que le breton n'est toujours pas officiel en Bretagne, pas plus que l'occitan en Occitanie, le corse en Corse, etc.).

B. La clarification des compétences respectives de l'État et de la communauté autonome pour éviter les doublons et les situations de paralysie.

C. L'adaptation des structures territoriales à l'intégration européenne (qui datait de 1986 – vingt ans plus tôt : il était temps de s'y mettre) et la définition du niveau de participation de la *Generalitat de Catalunya* aux affaires européennes.

D. L'éclaircissement de l'opacité fiscale quant aux impôts prélevés en Catalogne ; la dissipation du flou dans la répartition des ressources versées par la Catalogne au titre de la solidarité nationale ; et enfin le règlement du problème flagrant d'inégalité entre la contribution de la Catalogne au budget de l'État et les investissements de l'État en Catalogne.[184]

Digression phalangiste

Fondée par Jose Antonio Primo de Rivera (fils du dictateur Miguel), la Phalange est le parti unique pendant la dictature. Jose Antonio est un poète d'une grande sensibilité qui rédige *Cara al sol* (Face au soleil) l'hymne de la Phalange qui deviendra aussi celui des franquistes en

184. À propos du statut de 2006, voir : Enoch Alberti (2007) *Le nouveau statut d'autonomie de la Catalogne*. Revue française d'administration publique / Institut national du service public.
Voir Références média p. 249.

général. Cet hymne plein de fraîcheur qui évoque la mort et un faisceau de flèches sous le joug, est agrémenté d'une nouvelle strophe en 1938 qui commence par ces deux vers bouleversants :

Catalán, judío y renegado,
Pagarás los daños que has causado.

Soit : *Catalan, Juif et renégat, tu paieras les dommages que tu as causés.*

Bref : la Phalange est un désopilant mouvement hyper-conservateur, national-catholique et favorable à l'entrée en guerre de l'Espagne aux côtés des nazis. Heureusement, Franco (FM), conscient d'être à la tête d'un pays exsangue après trois ans de guerre civile, ne suit pas cette ligne. Enfin… Il se contente de créer la *Division Azul* (couleur des chemises phalangistes), une joyeuse équipe de 18 000 troufions volontaires mise à disposition de l'hilarant Adolf.

Je disais donc : la Phalange est un parti rigolo que l'idée d'autonomie régionale révulse et qui place l'Espagne *Une, Grande et Libre*[185], *über alles*. Pardon : au-dessus de tout.

La fin du régime franquiste entraîne aussi celle de la Phalange qui se morcelle en groupuscules ridicules dès 1975 (elle a malheureusement repris du poil de la bête depuis). Nombre de ses membres

185. Devise espagnole.

décident alors de se retrouver, avec bien d'autres franquistes, dans une fédération de partis créée par Manuel Fraga Iribarne (un ancien ministre de Franco (FM) et néanmoins père de la constitution) : *Alianza popular.*

Fraga est un philosophe placide qui, une dizaine d'années avant de rédiger la constitution espagnole, tenait ce genre de propos tout en nuances (le castillan n'ayant pas renoncé au passé simple, la traduction est goûtue) :

Je ferai tout mon possible pour éviter que soit détruite l'unité nationale [...] La Catalogne fut occupée par Felipe IV, elle fut occupée par Felipe V, qui la vainquit, elle fut bombardée par le général Espartero [...], nous l'occupâmes en 1939, nous sommes disposés à l'occuper autant de fois qu'il sera nécessaire et pour ça je suis prêt à prendre à nouveau mon fusil.[186]

Rafraîchissant, non ?

En 1989, *Alianza Popular*, toujours présidée par Fraga, se rebaptise *el Partido Popular*. Et ce changement correspond à une forte évolution idéologique du mouvement puisque ce dernier devient hyper-conservateur, national-catholique et révulsé

186. Albert Manent I Segimon (1988) *Solc de les hores : retrats d'escriptors i de polítics*. Edicions Destino. pp. 68-69.

par l'idée d'autonomie régionale. Enfin, il place l'Espagne *Une, Grande et Libre*, au-dessus de tout.

El Partido Popular est tellement opposé au nouveau statut catalan de 2006 qu'il dépose un recours pour le faire annuler dès 2005 auprès du Tribunal constitutionnel, alors que le texte est encore en discussion. Les juges réfléchissent longuement à cette requête inattendue, puis invoquent une raison technique particulièrement complexe pour justifier leur refus d'accéder à la demande du *PP* : *Ce serait quand même un peu couillon d'annuler une loi qui n'a pas encore été votée.*

En 2007, ces même élégants catho-réacs du *Partido Popular* appellent au boycott des produits catalans (!) et font de la catalanophobie leur fonds de commerce électoral. Et ça marche. Haïr la Catalogne est politiquement rentable : en 2011, le *PP* obtient la majorité absolue aux deux chambres. Les Catalans se sentent donc de plus en plus à l'aise en Espagne, ce beau pays reconnaissant qu'ils abreuvent de leurs impôts…

Une fois au gouvernement, le *PP* se distingue par deux décisions dont le courage le dispute à la franchise :

1. Ils bloquent l'accès des archives nationales aux historiens sur la période de la dictature en

s'appuyant sur une loi franquiste toujours en vigueur : *la loi sur les secrets officiels*, qui permet de prolonger – indéfiniment si nécessaire – le délai légal avant la déclassification de documents compromettants.

2. Comme dit plus haut : ils parviennent à faire annuler par le Tribunal constitutionnel 14 articles du statut de 2006. Ces articles concernent les droits historiques du peuple catalan et de sa langue, et font aussi référence à la nation catalane et à l'autogouvernement.

Cela implique une montée concomitante du nationalisme pancastillan et de l'indépendantisme catalan. [...] *À partir de 2010, le PSOE se différencie de moins en moins du PP sur ces questions et CiU*[187]*, à l'image du président Pujol, constate que sa recherche d'un accord avec les grands partis espagnols conduit à une impasse. La décision du Tribunal constitutionnel a servi de révélateur.* [...]

La seule chose qui devient maintenant de plus en plus évidente à l'ensemble des parties en cause, c'est l'impossibilité de s'entendre sur l'essentiel. C'est ce qui fait le plus penser à l'opposition franquistes/antifranquistes dont le conflit actuel

187. Convergència i Unió (parti catalan de centre droit, indépendantiste à partir de 2012 et disparu en 2015).

est un reste non dépassé par l'étape démocratique, même s'il trouve ses racines dans des périodes plus anciennes.[188]

L'Indépendantisme catalan, assoupi depuis les années quatre-vingt, se réveille donc en 2010 et connaît plusieurs dynamisations successives, notamment celle de 2012 due au rejet gouvernemental du pacte fiscal (pourtant établi sur le modèle basque en vigueur depuis trente ans) proposé par le parlement de Catalogne. Traduction de ce rejet : surtout ne pas émanciper la vache aux œufs d'or, à moins que ce ne soit la poule à lait.

Des associations culturelles et/ou politiques se créent ou se réactivent alors en Catalogne ; des manifestations monstres – sans le moindre débordement – réunissent plus d'un million (!) de personnes à Barcelone (pour huit millions de Catalans) avec ce slogan : *Catalunya, nou Estat d'Europa!* (Catalogne, nouvel État d'Europe) ; et une consultation populaire sur l'indépendance est organisée en 2014. (Une belle façon de fêter le tricentenaire de la chute de Barcelone.) Résultat : 81 % de « oui ».

188. Clément Tournier (2017) *Des enchantements de Don Quichotte à l'idéalisation de la Nation espagnole*. Indigo. pp. 231-232.

Dans la foulée de cette sorte de sondage grandeur nature, la *Generalitat*, par la voix de son président, Arthur Mas, décide cette fois la tenue d'un référendum officiel sur l'indépendance. Rajoy, chef du gouvernement espagnol, avait condamné en vain la consultation, il affirme qu'il interdira ce scrutin aussi. Espérant opposer à Madrid la légitimité populaire, la *Generalitat* annonce alors des *eleccions autonòmiques*[189] plébiscitaires pour le 27 septembre 2015 : si les partis (indépendantistes ou pas) qui souhaitent un référendum l'emportent, les Catalans iront voter pour déterminer *le futur de la Catalogne.*

Or voilà : après avoir gagné les élections de 2012, les indépendantistes remportent aussi celles de 2015. Majorité relative en voix : 47,8 % ; absolue en sièges : 72 sur 135. (39,11 % et 52 sièges pour les unionistes).

Le parti *Catalunya sí que es pot*[190], qui souhaite la tenue d'un référendum sans être forcément pro-indépendance (comme *Podemos* au niveau national), obtient quant à lui 8,94 % des voix et 11 sièges.

Au bout du compte : 56,74 % des votants sont donc favorables à l'autodétermination.

---

189. Élections du parlement de la communauté autonome.

190. *Catalogne oui c'est possible* est une coalition de gauche réunissant : Initiative pour la Catalogne – Verts, Gauche unie et alternative, Podem, Equo.

Fin 2016, la coalition indépendantiste transpartisane[191] crée le *Pacte national pour le référendum*, dont l'un des objectifs est d'entamer des négociations avec l'État espagnol afin que le scrutin puisse se tenir légalement. Alors qu'au printemps 2017 ce pacte est soutenu par une pétition de 500 000 personnes, 4 000 associations, 5 universités, 600 juristes et même le FC Barcelone, Mariano Rajoy, dont le sens des responsabilités politiques n'a d'égal que la maturité intellectuelle, décide de donner son point de vue sur la démarche catalane : *nan, je veux pô négocier, pô discuter, et pis les Catalans, c'est que des méchants.* Subjuguée par une telle ouverture d'esprit, la *Generalitat* se résout alors à organiser le référendum unilatéralement. La question posée sera celle-là :

Voulez-vous que la Catalogne devienne un État indépendant sous la forme d'une république ?

☐ *Oui* ☐ *Non*

Outre les pétitions, les manifestations monstres, les chœurs monumentaux du *Barça*... ce référendum

191. Les partis indépendantistes catalans couvrent la moitié de l'échiquier politique : au centre droit on trouve *Junts per Catalunya* (Unis pour la Catalogne) et à l'extrême gauche la *CUP* (*Candidatura d'Unitat Popular*). Des formations indépendantistes se placent entre ces deux pôles, notamment l'*ERC* (Gauche Républicaine Catalane) mais il n'existe pas de parti indépendantiste catalan de droite ni d'extrême droite, comme aime à le faire croire la propagande jacobine.

est donc légitimé par la consultation de 2014 et la volonté démocratique des Catalans qui s'est manifestée lors des élections plébiscitaires de 2015. Il est donc légal du point de vue de la *Generalitat de Catalunya*.

Mais vu de l'État espagnol fièrement équipé de sa *compétence exclusive pour l'autorisation de consultations populaires*, il est hors la loi. (Une vache aux œufs dorés à la feuille, je te dis.)

Cette divergence à propos du droit des Catalans à l'autodétermination, soulève trois questions :

A. D'abord celle du mot « peuple », que le droit international ne définit jamais clairement alors qu'il l'utilise à tout bout de champ quand il s'agit du *droit des peuples à disposer d'eux-mêmes*. Pour trancher la question de la légalité du référendum, il faut donc savoir si, avant d'éventuellement devenir une nation au sens juridique, les Catalans sont au moins un *peuple*.

B. Le droit international est-il intégré au droit interne espagnol ?

C. Si oui, prime-t-il sur ce droit interne ?

Je résume pour désinsectiser, tant que faire se peut, le cafard inhérent aux lectures juridiques :

A. Évidemment, le statut d'autonomie de la Catalogne reconnaît l'existence du *peuple* catalan (sinon on se demande bien qui est *autonome*).

– La constitution espagnole reconnaît bien sûr la légalité du statut d'autonomie de la Catalogne.

– La constitution espagnole reconnaît l'existence des *peuples d'Espagne*.

Donc : d'après le droit catalan et le droit espagnol, les Catalans sont bien un peuple.

B. En droit international, l'Espagne est moniste, c'est-à-dire que les traités internationaux qu'elle ratifie font partie intégrante de sa législation, comme l'indique le premier alinéa de son article 96 :

Les traités internationaux conclus valablement, une fois publiés officiellement en Espagne, sont partie intégrante de l'ordre juridique interne.

Donc : l'Espagne intègre le droit international à sa législation.

C. La *Convention de Vienne sur le droit des traités*, produite par l'ONU et à laquelle l'Espagne a adhéré[192], entérine la primauté du droit international sur le droit national. Voilà ce que dit son article 27 :

Une partie ne peut invoquer les dispositions de son droit interne comme justifiant la non-exécution d'un traité [international].

192. La France, le pays des Droits de l'Homme François, a été le seul pays à voter contre cette convention...

De plus, l'article 10 de la constitution espagnole indique qu'elle doit se conformer aux traités internationaux qu'elle a signés en matière de droits fondamentaux :

Les normes relatives aux droits fondamentaux […] seront interprétées conformément […] aux traités et accords internationaux portant sur les mêmes matières ratifiés par l'Espagne.

Donc : en Espagne, le droit international prime sur le droit interne, et l'État est tenu de s'y conformer, surtout quand il s'agit de droits fondamentaux, comme celui des peuples à disposer d'eux-mêmes.

En conclusion : quand le Tribunal constitutionnel espagnol proclame l'illégalité du référendum sur l'indépendance de la Catalogne en raison de l'article 149-32 de la constitution :

L'État jouit d'une compétence exclusive pour l'autorisation et la convocation de consultations populaires par voie de référendum ;

Et en raison de l'article 2 :

La Constitution est fondée sur l'unité indissoluble de la nation espagnole, patrie commune et indivisible de tous les Espagnols,

le droit international, juridiquement supérieur au droit espagnol, répond ceci :

– Accords d'Helsinki (ratifiés par l'Espagne et la France) :

Article I :

[...] [les États participants] *considèrent que leurs frontières peuvent être modifiées, conformément au droit international, par des moyens pacifiques et par voie d'accord.*

Article VIII :

Les États participants respectent l'égalité de droits des peuples et leur droit à disposer d'eux-mêmes [...]

– Pacte des Nations Unies relatif aux droits civils et politiques (ratifié par l'Espagne et la France) :

Article premier :

Tous les peuples ont le droit de disposer d'eux-mêmes. En vertu de ce droit, ils déterminent librement leur statut politique et assurent librement leur développement économique, social et culturel.

Article III :

Les États parties au présent Pacte [...] *sont tenus de faciliter la réalisation du droit des peuples à disposer d'eux-mêmes, et de respecter ce droit, conformément aux dispositions de la Charte des Nations Unies.*

– Charte des Nations Unies (ratifiée par l'Espagne et la France) :

Article I, alinéa 2 :

Développer entre les nations des relations amicales fondées sur le respect du principe de l'égalité de droits des peuples et de leur droit à disposer d'eux-mêmes, et prendre toutes autres mesures propres à consolider la paix du monde ;

– Déclaration des Nations Unies sur les droits des peuples autochtones (ratifiée par l'Espagne et la France) :

Article III :

Les peuples autochtones ont le droit à l'autodétermination. En vertu de ce droit, ils déterminent librement leur statut politique et assurent librement leur développement économique, social et culturel.

Digression jacobine

Je trouve que cette indigeste compilation juridique éclaire avantageusement l'étiologie du négationnisme jacobin français.

Rappel :

Marine Le Pen : *Il n'y a pas de culture catalane en France.*

Jean-Luc Mélenchon : *Il n'y a pas de minorités nationales en France.*

Raquel Garrido : *Il n'y a pas d'indigènes en France.*

Manuel Valls : *La Catalogne du Nord n'existe pas.*

Intellectuel Valls : *Le peuple corse n'existe pas.*

Miami Valls : *La Catalogne, c'est l'Espagne.*

Si la République françoise admettait l'existence de tous ces peuples, ces derniers pourraient organiser, eux aussi, des référendums sur leurs indépendances. Légalement, librement, démocratiquement. Et il n'y aurait bien sûr aucune raison que ça se passe mal, vu la facilité avec laquelle la France a accepté, par exemple, l'autodétermination des indigènes algériens… J'imagine qu'en 54, *Valls, avec Bachir,* aurait déclaré : *Les peuples arabes et berbères n'existent pas. L'Algérie, c'est la France !*

> Digression en abyme
>
> Après sa défaite aux primaires de la gauche en 2017, sa dérouillée aux municipales de Barcelone en 2019 (couronnée de 277 000 euros d'amende pour financement illégal de campagne) et sa déculottée aux législatives de 2022, Manuel Valls – qui a tout de même remporté l'élection du meilleur cocker de Susana Gallardo – a décidé de fermer son compte Twitter, vu que sa pudeur naturelle l'empêchait d'apprécier les tombereaux de compliments déversés à son endroit sur le réseau. Son tweet du 7 mars 2021 – d'une rigueur historique forçant le respect – certifiant l'inexistence de la Catalogne du Nord, n'est donc plus accessible aujourd'hui, mais des réponses qui le mentionnent sont encore trouvables chez le petit oiseau bleu.
>
> Fin de la digression gigogne.

> Ne reculant devant aucune élégance démocratique, les jacobins préfèrent donc nier les indigènes plutôt que d'admettre de légitimes perspectives autodéterminées. Heureusement, il en va autrement ailleurs.
>
> Le Royaume-Uni qui, lui, reconnaît quatre nations[193], a permis aux Écossais d'organiser un référendum sur leur indépendance en 2014 (44,7 % de oui). Mais depuis que le Brexit – refusé par les Écossais à 62 % – a rendu ses couleurs au *Scots unthirldom*[194], le Royaume de Charly III *belles Esgourdes* semble beaucoup moins désireux de renouveler l'expérience.
>
> Que la démocratie est ardue aux colonialistes…

Je reprends : le référendum sur l'autodétermination de la Catalogne est légal d'après le droit espagnol.

Mais d'après le Tribunal constitutionnel, non.

– Pourquoi ?

– Parce que.

La séparation des pouvoirs est toute relative, en Espagne : huit membres du Tribunal constitutionnel sur douze y sont nommés par un pitre endogame sur proposition des parlementaires, donc en fonction des

193. Le célèbre tournoi de rugby annuel est mal nommé : il ne s'agit pas d'un tournoi de *six nations*, mais d'un tournoi de quatre nations et deux pays.
194. Indépendantisme écossais.

couleurs politiques dominantes dans les hémicycles ; deux autres sont nommés sur proposition du gouvernement, qui dépend bien sûr de cette même majorité parlementaire ; et les deux derniers sont nommés sur proposition du *Conseil Général du Pouvoir Judiciaire*, dont l'indépendance n'est mentionnée nulle part et n'est garantie par personne.

Voici les profils des douze membres du Tribunal constitutionnel qui, en 2017, ont jugé illégal le référendum d'autodétermination de la Catalogne :

1. Juan José González Rivas (Président), né à Ávila.
Membre de la FAES[195] *(think tank catho-réac du Partido Popular), catholique pratiquant et proche d'Antonio Maria Rouco Varela, archevêque intégriste de Madrid, opposant à l'avortement et au mariage homosexuel.*
2. Andrés Ollero Tassara, né à Séville.
Membre de l'Opus Dei, opposant à l'avortement et au mariage homosexuel.
3. Ricardo Enríquez Sancho, né à Madrid.
Catholique pratiquant, opposant à l'avortement et au mariage homosexuel.
4. Santiago Martínez-Vares García, né à Santander.
Membre de la FAES, catholique pratiquant.

195. Fundación para el Análisis y los Estudios Sociales.

5. Pedro José González-Trevijano Sánchez, né à Madrid.

Membre de la FAES, catholique pratiquant.

6. Antonio Narváez Rodríguez, né à Badajoz.

Membre de la FAES, catholique pratiquant.

7. Alfredo Montoya Melgar, né à Madrid.

Membre de la FAES, catholique pratiquant.

8. Cándido Conde-Pumpido Tourón, né à La Coruña.

Catholique pratiquant, nommé sur proposition du PSOE.

9. Fernando Valdés Dal-Ré, né à Valladolid.

Nommé sur proposition du PSOE.

10. María Luisa Balaguer Callejón, née à Almería.

Nommée sur proposition du PSOE.

11. Maria Encarnació Roca i Trias, née à Barcelone.

Nommée sur proposition du PSOE.

12. Juan Antonio Xiol Ríos, né à Barcelone.

Nommé sur proposition du Conseil Général du Pouvoir Judiciaire.

Pour celles et ceux qui pensent que le PSOE pourrait être plus amène avec les Catalans que le PP ou Vox, voici un aphorisme éclairant de l'écrivain Josep Pla :

Concernant la Catalogne, rien ne ressemble plus à un Espagnol de droite qu'un Espagnol de gauche.

Rappel des pages 168, 169 et 170 :

La monarchie espagnole n'est pas légitime. Elle n'existe que parce que des putschistes alliés à des puissances étrangères ont pris le pouvoir en 39, et ont ensuite trompé les peuples d'Espagne avec l'arnaque référendaire de 78.

Voilà donc la situation en 2017 :

Le Tribunal constitutionnel clanique d'une monarchie illégitime a jugé illégal un référendum conforme au droit international et voulu par le peuple.

Si si, ça se passe en Europe.

Fort de la décision de cette juridiction congréganiste, en septembre 2017, le gouvernement Rajoy ordonne à la police d'*agir* contre les autorités, les fonctionnaires et les particuliers qui participent à l'organisation du référendum sur l'indépendance de la Catalogne. Dix mille policiers et militaires de la *Guardia Civil* arrivent en renfort à Barcelone avec un cri de ralliement tout en finesse : *¡ A por ellos !* (En gros : *Butons-les !*) Des hauts fonctionnaires sont arrêtés ; des imprimeries sont perquisitionnées pour empêcher l'impression des bulletins de vote ; 9 millions de ces bulletins et 45 000 convocations d'assesseurs sont détruits ; le Parquet menace de huit ans de prison plus de sept cents maires (sur 947) qui ont décidé d'organiser le référendum dans leurs villes ; des pressions judiciaires sont exercées sur le directeur de TV3 pour que sa chaîne n'évoque pas le référendum, idem pour les rédacs-chefs d'une demi-douzaine de journaux catalans ; des instructions judiciaires sont ouvertes contre le président et les membres du gouvernement autonome ; des militants, des colleurs d'affiches, de simples participants à des meetings sont fichés ; une décision de *justice* force les fournisseurs d'accès à Internet à bloquer les sites concernant le référendum… Chassez le naturel, il revient chez Franco (FM).

Malgré tout, comme la consultation de 2014, le référendum a lieu (*¡ Caramba!* Encore Raté !) Les bulletins de vote, secrètement imprimés dans la solidaire Catalogne du Nord (celle qui d'après Valls n'existe pas), passent la frontière en douce. Le personnel politique, administratif et associatif se mobilise, les bureaux de vote ouvrent… et la police charge. Mille blessés dont 400 avec des lésions multiples (des fois, un seul coup de matraque ne suffit pas).

Ce 1er octobre 2017, je suis à Torroella de Montgri, la ville de ma famille. Je n'ai pas le droit de voter : je ne suis pas inscrit sur les listes électorales de Torroella mais sur celles du consulat, à Perpignan. Et, curieusement, les fonctionnaires consulaires n'ont prévu ni urnes ni isoloirs...[196] Après avoir assisté aux votes des anciens (quelques-uns sont arrivés à cinq heures du matin : pour eux, ce référendum, c'est le rêve d'une vie), à ceux de plusieurs membres de la communauté sénégalaise, à ceux de familles bruyantes, à celui d'un couple qui vient de se marier et qui part en voyage de noces... Je m'installe au bistrot pour regarder les nouvelles à la télé. Les images des mémés matraquées par des *robocops* en armures carbone-kevlar... c'est tellement gracieux, poétique, enjoué... Dans les grandes villes, les flics ne se contentent pas de dépeupler les Ehpad, ils défoncent aussi les bureaux de vote et détruisent urnes et bulletins... Enfin, heureusement, depuis 1978, l'Espagne est extraordinairement, formidablement, prodigieusement démocratique.

Résultats du référendum, validés par une délégation de trente-trois observateurs internationaux :

- Inscrits : 5 313 564.
- Votants : 2 286 217.

196. J'ai appris par la suite – trop tard – que la *Casa de la Generalitat* (antenne de la *Generalitat* à Perpignan), avait ce jour-là installé un bureau de vote pour les expatriés... quel couillon je fais.

– Votes exprimés : 2 266 498 (0,86 % de nuls), soit 43 % de participation.

– 2 044 038 Catalans ont voté « oui » à l'indépendance, soit 90,18 % des votes exprimés.

– 177 547 ont voté « non », soit 7,83 % des votes exprimés.

– 44 913 Catalans ont voté blanc, soit 1,98 % des votes exprimés.

Le gouvernement catalan affirme que des centaines d'urnes ont été confisquées ou détruites par la police espagnole, ce qui a entraîné la non-comptabilisation de 770 000 bulletins. Mais plusieurs journaux indiquent seulement 700 000. En prenant cette fourchette basse, la participation au référendum est donc de 2 286 217 votants, plus 700 001, au minimum (la dernière voix, c'est la mienne, je tiens à la compter même si j'ai pas voté). Ce qui fait 56 % de participation, pas 43 %. Sachant que la plupart des urnes volées l'ont été à Barcelone, où la part de « oui » était inférieure au reste de la Catalogne (± 85 % au lieu de ± 90 %) et en passant sur de fastidieux calculs, cette conclusion s'impose : malgré la censure, les pressions judiciaires, les menaces et les coups de matraque, au moins 56 % des Catalans sont allés aux urnes le 1er octobre 2017. Et 88 % de ces votants se sont prononcés pour l'indépendance de leur pays.

Chiche : on essaie avec tous les bureaux de vote ouverts, sans censure de la presse ni d'Internet, sans les intimidations ni les violences policières...

Extension du 1er octobre :

> Le 3, Fifi VI de WC, phare de la pensée, justifie les 1 066 blessés lors du référendum – dont vingt-trois dangereux octogénaires – dans une allocution dont le lyrisme n'a d'égal que la subtilité :

[...] *devant cette situation d'extrême gravité* [rappel : des gens ont voulu voter] *qui requiert le ferme engagement de tous envers les intérêts généraux, il est de la responsabilité des pouvoirs légitimes de l'État d'assurer l'ordre constitutionnel et le fonctionnement normal des institutions* [...]

C'est qu'il est soucieux de son train de vie, Fifi !

[...] *on ne peut pas être surpris par le discours belliqueux de Philippe VI, le 3 octobre 2017, à l'appui de la répression brutale que les forces de l'ordre ont exercée lors du référendum sur le futur de la Catalogne qui avait eu lieu deux jours avant. Le jeune Bourbon s'est ainsi avéré être un fidèle disciple de l'héritage de son père, qui n'a jamais renié sa promesse au dictateur Franco sur son lit de mort de défendre par tous les moyens nécessaires « l'unité sacrée de l'Espagne »* [...] *sans oublier d'y inclure la corruption systémique qui a toujours caractérisé les ~~Bourbons~~ Whisky Coca.*[197]

> Au vu des résultats du référendum, le 10 octobre, Carles Puigdemont, président de la *Generalitat*, signe la déclaration symbolique d'indépendance de la Catalogne, qui institue le début du processus de transition vers la République. Et il la suspend aussitôt après l'avoir signée pour engager des négociations avec Madrid... qui n'auront jamais lieu : *nan, je veux pô discuter.*

> Le 27 octobre, le parlement proclame, concrètement cette fois : *la République catalane en tant*

197. Pastor op. cit.

qu'État indépendant et souverain, de droit, démocratique et social.

La réaction espagnole est alors rapide et violente, comme toujours : cette nouvelle république, son parlement et la *Generalitat* sont suspendus dès le lendemain grâce à l'activation l'article 155 de la constitution, qui permet à Madrid de supprimer le statut d'autonomie de la Catalogne et de la mettre sous tutelle... comme elle n'a cessé de le faire tout au long de l'Histoire.

Et la monarchie espagnole ne s'arrête pas en si démocratique chemin : comme l'infraction d'organisation de référendum illégal, passible de cinq ans d'emprisonnement, a été abrogée en 2005, des accusations fantaisistes de rébellion, de sédition et de détournement de fonds sont portées contre les leaders indépendantistes. Devant ce piège grotesque mais concret, cinq membres du gouvernement (dont Carles Puigdemont) et deux députés, s'exilent. Ce qui ne signifie pas, comme j'ai pu l'entendre, qu'ils fuient *la justice*, puisqu'ils se présentent d'eux-mêmes devant des cours allemande, belge, britannique et italienne, suite au mandat d'arrêt européen lancé contre eux par l'Espagne. Ils se sont exilés simplement pour ne pas subir la *vengeance* espagnole et se retrouver devant un tribunal dont, à raison, ils ne reconnaissent ni l'impartialité ni la légitimité.

D'ailleurs, les cours européennes mentionnées au-dessus les relaxent systématiquement au motif que les accusations de rébellion, sédition et détournement de fonds sont bidon, et que l'action judiciaire espagnole à leur encontre n'est rien d'autre qu'une persécution politique. Une humiliation grand format pour la fantastique démocratie espagnole et sa *justice*, qui devient la risée de l'Europe.

Six autres élus, dont Carme Forcadell (présidente du parlement), Oriol Junqueras (vice-président du gouvernement) et Dolors Bassa (députée), refusent l'exil et se retrouvent en prison.

> Suite à l'activation de l'article 155, Madrid dissout le parlement catalan et organise des *eleccions autonòmiques* anticipées le 21 décembre 2017... Et les indépendantistes remportent à nouveau le scrutin[198]. (*¡ Caramba !* Encore raté !)

J'ai posté ce qui suit sur Facebook, quelques jours plus tard :

J'ai croisé le fils de Dolors Bassa, le 21 décembre, chez moi, à Torroella de Montgri.

198. Toujours la majorité relative avec 0,3 % de voix en moins (47,5 %), toujours la majorité en sièges (70 sur 135), mais cette fois avec 82 % de participation.

C'est une prof, Dolors Bassa. Et une syndicaliste et une élue de l'ERC (Gauche Républicaine Catalane). Elle a participé à la marche du sous-commandant Marcos au Mexique, en 2001. Comme syndicaliste (Union Générale des Travailleurs), elle a combattu le travail précaire dans l'hôtellerie, à Ryanair et ailleurs. Comme élue de la Generalitat de Catalunya, elle a travaillé à la réduction des inégalités et sur un projet de revenu universel.

Le 27 octobre, elle a voté pour l'indépendance. Donc elle a été arrêtée et incarcérée. Elle est restée en prison du 2 novembre au 4 décembre. N'en est sortie que parce que des militants et d'autres, simples citoyens, ont payé sa rançon – pardon, sa caution : 100 000 euros.

Les indépendantistes ont remporté les eleccions autonòmiques *de 2015 avec un programme clair : organisation d'un référendum et, en cas victoire du « oui » : déclaration d'indépendance.*

À cinquante-huit ans, Dolors Bassa a passé trente-deux jours et trente et une nuits en prison, par respect de la parole donnée à ses électeurs. Pour cause d'intégrité, elle a passé le mois de novembre au centre pénitentiaire d'Estremera et à Alcalá Meco, la vieille prison madrilène, insalubre et glacée.

J'ai croisé son fils au café, jeudi dernier. La trentaine, un peu pâle, l'air fatigué. On a partagé un godet, une dizaine d'olives et quelques mots. Il attendait, avec un sourire tranquille, le début de la soirée électorale. Sans rancœur ni colère contre le PP corrompu, le roi payé 700 euros par jour, la Phalange haineuse… Son calme m'a impressionné. À sa place… Je te jure que si l'État avait mis ma mère au placard, j'aurais acheté du butane.

Je crois qu'il était serein parce qu'il était sûr du résultat, le fils de Dolors Bassa. Sûr des siens, de son peuple et de la victoire de sa mère. Les indépendantistes ont gagné les quatre derniers scrutins, en Catalogne. Incarcérés, exilés, matraqués, spoliés… Rien à foutre : ils votent. Et ils gagnent. Chaque fois.

Malgré la prison, malgré les insultes, malgré l'Europe amorphe et Macron qui soutient Rajoy[199]*, malgré tout… Dolors Bassa s'est de nouveau présentée aux élections, le 21 décembre. Et elle a gagné. Oriol Junqueras, tête de liste de l'ERC toujours emprisonné, a été réélu aussi. Tout comme l'exilé Puigdemont.*

Ces gens auraient pu éviter la prison, l'exil, la perte de leurs revenus… Il leur suffisait de se coucher devant Madrid… Ne pas tenir ses promesses est un sport régulièrement pratiqué en politique. Mais

---

199. Après avoir soutenu Rajoy dans son tabassage en règle des Catalans en 2017, Macron a osé prétendre sur TF1, le 3 décembre 2022, qu'il soutenait le *droit des peuples à disposer d'eux-mêmes*.

visiblement pas par les indépendantistes catalans, même quand ils en prennent plein la gueule.

En France, une députée LReM se plaint d'être obligée de manger des pâtes parce que, devenue parlementaire, ses revenus ont chuté à 5 000 euros mensuels... Comment tu veux que je me sente représenté par... ça ? Ai-je croisé au bistrot le fils du député, de la députée, de ma circonscription ? Au fait : qui est la députée, le député, de ma circonscription ? Ai-je eu l'occasion de l'apercevoir en dehors de la campagne pour les législatives ?

Au bout du compte, parmi les gens qui sont censés représenter le peuple, combien seraient prêts à aller en prison pour lui ? Il y en a combien, là-bas, à Paris, qui seraient prêts à perdre leurs indemnités pour tenir leurs engagements ?...

Moi je suis sûr qu'il y en a au moins trois : Michel Castellani, Paul-André Colombani et Jean-Félix Acquaviva. Eux, je sais qu'ils ne sont pas à l'assemblée pour leur carrière, leur parti ou leur porte-monnaie. Ils y sont pour la Corse. Jamais ils ne seront parachutés, ni à Marseille ni ailleurs sur le continent. Leur engagement n'est pas soluble dans la vanité française. Leur engagement, il est enraciné. Et ça change tout. Tu la sens, la démocratie de proximité ? Eux trois, comme Dolors Bassa, je suis sûr qu'ils finiraient au chtar plutôt que de trahir leur peuple.

Montesquieu le disait déjà au XVIIIe :

« Dans une grande république, le bien commun est sacrifié à mille considérations ; il est subordonné à des exceptions ; il dépend des accidents. Dans une petite, le bien public est mieux senti, mieux connu, plus près de chaque citoyen. »[200]

> Le 5 avril 2018, après dix jours d'incarcération, le tribunal du Schleswig-Holstein (*land* allemand) libère Carles Puigdemont. L'examen du mandat d'arrêt européen lancé contre lui par l'Espagne a permis aux juges d'arriver en gros aux mêmes conclusions que celles déjà rendues par la justice belge : la Cour suprême espagnole n'est pas légitime à juger le suspect, puisque son *droit à un procès équitable risque d'être violé*. La droite espagnole éructe et bave alors sa joie. Le patron de presse et animateur star de *EsRadio*, Federico Jiménez Losantos (qui fait passer Vincent Bolloré pour un islamo-gauchiste homosexuel), s'exprime à l'antenne :

Un misérable juge allemand offense tous les Espagnols, se moque de notre Constitution et de notre ordre juridique. L'Espagne n'a jamais subi une telle humiliation depuis au moins quarante

---

200. Charles de Secondat de Montesquieu (1749) *De l'esprit des lois* (*Livre VIII, chapitre XVI*).

ans. [...] *Il y a environ 200 000 otages allemands aux Baléares. En Bavière, les brasseries peuvent commencer à exploser. Bien sûr, je propose une action. Évidemment, il faut réagir.*[201]

Ce wokiste débonnaire qui réclame rien moins que des bombes au *Palais de la bière* et la séquestration de villégiateurs teutons, n'est bien sûr pas importuné par la *justice* espagnole (si si, ça se passe en Europe) qui a d'autres chats catalans à fouetter. La police du *land*, quant à elle, annonce prendre note des menaces... Quel désolant manque d'humour...

> Toujours en 2018, une commission d'enquête du Parlement britannique et MC McGrath (président-fondateur de l'ONG *Transparency Toolkit*[202]) démontrent que les accusations d'ingérence du Kremlin dans le processus indépendantiste catalan, lancées par le journal *El País* et le *think tank* españoliste *Real Instituto Elcano* (et

201. *Losantos : « En Baviera pueden comenzar a estallar cervecerías ».* El nacional sur Youtube.
Voir Références média p. 250.
202. Organisation à but non lucratif qui met à disposition des journalistes et des chercheurs un ensemble d'outils et de logiciels open source pour analyser les campagnes de désinformation et les violations des droits de l'homme.
Voir Références média p. 250.

relayées avec gourmandise par certains médias français), ne sont que des *fake news*.[203]

> Lors des élections municipales de mai 2019, 742 villes catalanes sur 947 sont remportées par des maires indépendantistes (toutes tendances confondues). Les élections européennes, qui ont lieu au même moment, voient les indépendantistes exilés Puigdemont, Ponsati et Comin, ainsi que l'incarcéré Junqueras, être élus au Parlement européen.

> Le 27 mai 2019, le Groupe de Travail sur les Détentions Arbitraires de l'ONU réclame, dans son avis officiel n° 6/2019, la libération immédiate des indépendantistes catalans placés en détention. Sans effet : l'Espagne s'en moque. C'est la première fois qu'un état *démocratique* refuse de suivre un avis émis par ce groupe.

> En octobre 2019 tombent les verdicts du procès intenté aux leaders indépendantistes. Les accusations bidon qui ont permis à la justice espagnole d'être brillamment ridiculisée par quatre cours européennes ont été réitérées et portées par l'État

203. Albano Dante Fachin (04 février 2023) *Informe octuvre : El País, Twitter i la pregunta que no va fer TV3*. Octuvre.cat.
Voir Références média p. 250.

espagnol et le parti catho-fasciste *Vox*. *Vox*, une formation politique pondérée, qui sait se garder de toute hystérie, et qui réclame juste soixante-quatorze ans de prison pour Dolors Bassa...

Au bout du compte, neuf de ces leaders sont condamnés à des peines allant de neuf à treize ans d'incarcération.

Amnesty international, la Commission des Droits de l'Homme du Conseil de l'Europe, Euromed droits, la Fédération internationale pour les Droits humains, le Groupe de Travail sur la Détention Arbitraire des Nations Unies, le Haut-Commissariat des Nations Unies aux Droits de l'Homme, Human Rights Watch, la Ligue des Droits de l'Homme, l'Organisation mondiale contre la torture... condamnent les décisions des juges espagnols.

> Lors des *eleccions autonòmiques* de février 2021, les indépendantistes (toutes tendances confondues), obtiennent la majorité absolue en voix : 51,77 % et donc aussi en sièges : 74 sur 135. (*¡ Caramba !* Encore raté !)

> En juin 2021, l'Assemblée parlementaire du Conseil de l'Europe indique, dans sa résolution 2 381 concernant la Turquie et l'Espagne :

L'Assemblée invite les autorités espagnoles :

10.3.5 à s'abstenir d'exiger des responsables politiques catalans détenus qu'ils renient leurs opinions politiques en échange d'un régime carcéral plus favorable ou de la possibilité d'être graciés.

(Si si, ça se passe en Europe.)

10.3.7 à mettre en œuvre ces recommandations conformément aux principes de l'État de droit tels que définis par le Conseil de l'Europe, en tenant dûment compte du principe d'égalité de toutes et tous les citoyens devant la loi.

Extrêmement, supérieurement, etc.

> Le 22 juin 2021, le Président socialiste du gouvernement espagnol, Pedro Sánchez, gracie les neuf dirigeants indépendantistes incarcérés depuis trois ans et demi. Il ne s'agit pas pour lui d'annuler des condamnations iniques, mais de s'assurer une courte majorité parlementaire grâce au vote des députés catalans... Pour les exilés : rien.

> Le 31 janvier 2023, la Cour de Justice de l'Union Européenne répond au Tribunal suprême espagnol, qui l'a questionnée à propos du non-respect des mandats d'arrêt européens lancés contre les indépendantistes catalans exilés. Résumé du

communiqué de presse de la CJUE suite à son arrêt n° C-158/21 :

Une autorité judiciaire doit refuser l'exécution d'un mandat d'arrêt européen émis par un État membre si elle constate des défaillances systémiques ou généralisées du système juridictionnel dudit État affectant la protection juridictionnelle d'un groupe objectivement identifiable de personnes auquel appartiendrait la personne concernée.

Encore un triomphe pour la plus haute juridiction espagnole, dont le goût du grotesque ne se dément pas.

> Ce livre sera chez l'imprimeur en mai 2023, quand auront lieu les prochaines *eleccions autonòmiques*. Je croise les doigts à m'en blanchir les jointures...

Le 1er octobre 2017 n'est pas terminé...

L'indépendance, c'est l'absence de sujétion.
Nul n'est fasciste de la revendiquer.
Aucun démocrate ne s'y oppose.

QUATRIÈME PARTIE

Ce qu'en pense tata Hortense

1. C'est çui qui dit qui est

Tels de fringants cockers pavloviens (humour de niche), les hexagonalistes et les españolistes souffrent d'un réflexe conditionné : quand ils entendent les mots « culture indigène », ils sortent leur révolver. Première salve :

Les régionalistes, c'est des péquenauds, des repliés identitaires, des culs-terreux pas ouverts sur le monde, etc.

Cette idée se développe ensuite en une deuxième salve :

Les autonomistes, séparatistes, indépendantistes, c'est des conservateurs, des réacs, des xénophobes...

Bref : d'horribles *nationalistes.*

Seulement voilà :

Il va de soi que le nationalisme d'un peuple assujetti n'est pas de même nature que le nationalisme du peuple qui le domine, que le nationalisme d'une collectivité luttant pour son indépendance n'est pas de même nature que le nationalisme d'une collectivité ayant depuis longtemps acquis sa totale souveraineté.[204]

En espérant compliquer le prêt-à-penser des cérébraux qui aiment à jeter le bébé avec le congélateur de Madame Courjault, je distingue donc :

A. le nationalisme de ceux qui n'ont pas de pays ;
B. le nationalisme de ceux qui en ont un.

A. Le premier de ces nationalismes, soit l'aspiration d'un groupe de personnes à se constituer en nation et à se doter d'un état souverain, est légitime au regard du droit international puisqu'il fait appel à une idée déjà mentionnée dans cet ouvrage et au premier article de la charte des Nations Unies (ratifiée par la France et l'Espagne) : celle du *droit des peuples à disposer d'eux-mêmes.*

B. Le deuxième de ces nationalismes, celui de ceux qui ont déjà un pays, est un courant de pensée consanguin qui mériterait d'être appelé *national-nationalisme.* Cette idéologie naturellement xénophobe

204. Raoul Girardet (1996) *Nationalismes et nation.* Éditions complexe. pp. 36-37.

voit des membres d'une nation déjà constituée, l'élever au rang d'entité évidemment supérieure aux autres, et faire d'elle, par exemple, une nation :

- une, grande et libre ;
- légataire de valeurs universelles ;
- impétueusement, furieusement, éperdument démocratique ;
- *vainqueuse* d'une compétition sportive quelconque face à des étrangers forcément inférieurs...

Bref : un national-chauvinisme patriotard qui est un ingrédient indispensable bien qu'insuffisant seul, du fascisme.

– Dégâts causés par le premier nationalisme évoqué :

Le nationalisme basque : 828 morts ;

Le nationalisme corse : un peu moins de morts que le basque ;

Le nationalisme catalan : 1 mort (involontaire : nous, les Catalans, on est nuls en explosifs).

– Dégâts causés par le deuxième nationalisme évoqué :

Le nationalisme français : des millions de morts sur les cinq continents et trois génocides[205].

205. Cathares (Occitanie), Arawaks (Guadeloupe) et Kalinagos (Martinique).

Le nationalisme espagnol : faire un sondage auprès des Amérindiens.

Je reprends.

Idée simple développée par les hexagonalistes et les españolistes :

– Les autonomistes, séparatistes, indépendantistes, sont des réacs, des xénophobes, des nationalistes...

– Euh... *C'est çui qui dit qui est.*

Cette idée peut perdre en vigueur, voire s'éteindre, en fonction des pays et de la distance qui les sépare de la France et de l'Espagne. Par exemple : les Sioux de Standing Rock, qui s'opposent au passage d'un oléoduc sur la terre de leurs ancêtres, qui préfèrent parler leur langue plutôt que l'anglais et qui veulent protéger leur culture, personne ne les traite de péquenauds, de réacs, etc. Au contraire, ils ont plutôt la sympathie des médias et des opinions publiques. Mieux encore en France avec les indépendantistes québécois : de De Gaulle (*Vive le Québec libre !*) à Mélenchon, quasiment tout le monde leur est favorable. Pareil pour les indépendantistes kurdes : nul ne songerait à traiter de ploucs ces infatigables opposants aux auberges de jeunesse estampillées Daesh, au farceur Erdoğan et à l'impayable ayatollah Khamenei. Or, en 2017, la population kurde irakienne, comme la catalane, a voté à 90 % *pour son indépendance* lors d'un référendum d'autodétermination. Et si la démarche kurde n'a posé aucun problème à la France ni à l'Espagne, celle des Catalans, en revanche...

Mais heureusement, les mentalités évoluent petit à petit. En France, à part quelques jouvenceaux comme Jean-Marie Le Pen, plus personne aujourd'hui ne conteste, par exemple, le bien-fondé de l'indépendance algérienne...

– Oui mais l'Algérie, c'est pas pareil. La colonisation, c'était dégueulasse...

– La légitimité d'une revendication d'indépendance est donc indexée sur l'oppression subie par le peuple qui la réclame ?

– Absolument.

– Alors qui pousse le curseur ? Qui déclare : *Tu as suffisamment été contraint, tu as le droit de disposer de toi-même* ? Ou bien, au contraire, qui dit : *Non, toi tu vas être dominé encore un siècle ou deux et, si ta culture survit, alors peut-être pourras-tu quémander un référendum* ? Qui peut assumer le suprême paternalisme consistant à accorder ce droit ou à le refuser ?

– Oui mais non... mais en fait... euh...[206]

206. Dialogue malheureusement authentique (et que je n'ai bien sûr pas du tout enjolivé pour faire le malin) avec un François avenant, socialement impliqué, antiraciste revendiqué, tout bien propre.

L'autodétermination indigène porte la démocratie en graine. Un pouvoir qui statuerait sur l'éventuelle légitimité d'un peuple à disposer de lui-même – y compris pour condescendre à lui accorder cette faculté – serait, lui, forcément de nature antidémocratique. Pigé, mon colon ?

Donc : les Québécois, les Tibétains, les Kurdes, les Sioux... sont légitimes à réclamer leurs indépendances. Les Catalans et les Basques sont eux des folkloristes, des réactionnaires, des xénophobes, etc. La différence ? Quelques milliers de kilomètres. Ce qui est bon ailleurs, loin dans le vaste monde, ne l'est plus à l'approche de la mère patrie, et le droit des peuples à disposer d'eux-mêmes, c'est très bien... chez les autres.

Le terme « nationalisme », utilisé à tort et à travers, trouve souvent un substitut pratique parce que peut-être plus angoissant encore : le *communautarisme*. Là, tout le monde est d'accord, il n'y a pas de flexion sémantique induite par le droit international, pas de tergiversation : le communautarisme, c'est mâââl.

Bon... Mais c'est quoi, précisément, techniquement, le communautarisme ? À quoi ça ressemble, un communautariste ? En quoi ça agit différemment d'un non-communautariste ?

Quand j'ai un doute sur le sens d'un mot, je me livre à une pratique extraordinaire : j'ouvre un dictionnaire. Et voilà ce que raconte M. Robert :

Communautarisme, nom masculin.

Tendance à faire prévaloir les spécificités d'une communauté (ethnique, religieuse, culturelle, sociale...) au sein d'un ensemble social plus vaste.

Rappel de la page 112 : *parce qu'il impose à toutes les régions les standards d'Île-de-France, le jacobinisme est un ethnocentrisme.* Il est donc aussi, nécessairement, un communautarisme francilien. Y'a pas à cahoter du fondement : de la langue à l'accent en passant par l'hyper-centralisation et le drapeau français qui porte les couleurs parisiennes, la communauté d'Île-de-France *fait prévaloir ses spécificités culturelle et politique au sein d'un ensemble social plus vaste.* Et c'est donc depuis 1793 que la France est diplômée du supérieur en communautarisme.

Alors : à quoi ça ressemble un communautariste ? Simple : à un jacobin. Et pourtant, quand tu dis à un jacobin : *Mais enfin, arrête de faire prévaloir tes spécificités au sein d'un ensemble social plus vaste, espèce de communautariste !* L'impudent ose te répondre : *C'est çui qui dit qui est !*

2. Où sont les femmes ?

À Torroella de Montgri, j'ai lu, tagué sur le mur d'une maison en ruines, ces très beaux vers de la poétesse catalane Maria Mercè Marçal :

A l'atzar agraeixo tres dons :
haver nascut dona, de classe baixa i nació oprimida.
I el tèrbol atzur de ser tres voltes rebel.

Je remercie le hasard de trois dons :
être née femme, de basse extraction et nation opprimée.
Et le trouble azur d'être trois fois rebelle.

– Dans l'incalculable accumulation d'images (dessins de presse, affiches, graffs...) qui a accompagné le référendum du 1er octobre 2017, la Catalogne a quasiment toujours été représentée par une femme.

– Les partis indépendantistes catalans *CUP* et *Sobiranistes* intègrent clairement et fermement le féminisme dans leur positionnement idéologique.

– Les premiers mouvements féministes catalans datent du XIXe et n'ont jamais cessé d'exister depuis, sauf pendant la longue nuit franquiste.

– La *Generalitat de catalunya* a toujours été en pointe sur l'égalité et les violences de genre (la législation catalane est la seule à reconnaître les violences de genre digitales).

– À raison, cette conscience féministe peut aller loin : le 26 janvier 2022, le parlement de Catalogne a approuvé une résolution qui réhabilite la mémoire de centaines de femmes brûlées pour sorcellerie entre le XIVe et le XVIIe siècle, des sorcières *victimes d'une persécution misogyne*. Une façon de mettre le patriarcat en perspective...

Mais dans le présent ouvrage (dont le sérieux confine à l'austérité, je l'avoue volontiers) : pas une gonzesse (à part la *iaia* et tata Hortense). Ou à peine en distingue-t-on quelques-unes, lointainement évoquées dans des brumes historico-politiques... Pourquoi ?

– Parce que le patriarcat a colonisé l'espace public dont ce bouquin est un reflet.

– Parce que l'histoire est écrite par les vainqueurs et que *vainqueuse* n'est toujours pas au dictionnaire.

– Et sûrement parce que moi-même…

Bref, surtout concernant la féministe Catalogne : y'a du boulot… J'essaierai de faire mieux à l'avenir.

3. *Small is beautiful*

D'un François avenant, socialement impliqué, écologiste revendiqué, tout bien propre :

On n'a pas de temps à perdre avec tout ça ! L'unique priorité doit être la lutte contre le dérèglement climatique. Les régionalistes, les indépendantistes, tous ces gens se regardent le nombril, ils sont déconnectés du monde qui court à la catastrophe.

La paresse intellectuelle disqualifie si facilement les sujets inconfortables...

Il n'y aura pas de relocalisation de l'économie sans relocalisation du pouvoir politique ; pas de biodiversité sans diversité culturelle ni ethnoécologie ; pas d'investissement humain local sans indépendance, eurofédéralisme ni principe de subsidiarité.

Je vois une profonde analogie de structure entre agression industrielle contre la Nature et agression stato-nationale contre les communautés locales ou ethniques.[207]

La diversité culturelle est le ressort central du développement durable des individus, des communautés et des pays. Une approche mondiale efficace du développement durable et de l'EDD[208] *passe donc par le respect, la protection et le maintien de la diversité culturelle du monde, aujourd'hui et demain.*

La diversité culturelle influe fortement sur l'EDD car :

– Toute EDD doit être localement pertinente et culturellement appropriée ;

– La culture détermine ce que la génération présente veut apprendre à la suivante : savoirs, compétences, éthique, langues et conceptions du monde ;

– L'EDD appelle la compréhension interculturelle, indispensable pour vivre ensemble en paix, dans la tolérance et en acceptant les différences entre groupes ethniques et culturels.[209]

207. Denis de Rougemont (1994) *Œuvres complètes*. La Différence. p. 686.
208. Éducation au Développement Durable.
209. Déclaration de Johannesburg (2002). Unesco.

	Pays	Indice de performance environnementale	Population
1	Danemark	77,9	5,9 M
2	Royaume-Uni	77,7	67,9 M
3	Finlande	76,5	5,5 M
4	Malte	75,2	0,5 M
5	Suède	72,7	10,5 M
6	Luxembourg	72,3	0,6 M
7	Slovénie	67,3	2,1 M
8	Autriche	66,5	8,9 M
9	Suisse	65,9	8,7 M
10	Islande	62,8	0,4 M
…			
12	France	62,5	68,0 M
…			
27	Espagne	56,6	47,0 M
…			
43	États-Unis (plus riche)	51,1	331,4 M
…			
112	Russie (plus vaste)	37,5	146,1 M
…			
180	Inde (dernier)	18,9	1326,1 M

Classement 2022 (Université de Yale – États-Unis)

Morceler les États-nations et construire une Europe fédérale des peuples, comme le souhaitent la majorité des indépendantistes catalans, c'est le seul choix logique de l'écologie politique.

Un mouvement émancipateur et salutaire a commencé au XIXe avec les premiers élans décoloniaux. Il ne s'est pas démenti depuis.

L'Europe comptait :

- 20 pays en 1900 ;
- 30 pays en 1945 ;
- 47 pays en 2022.

Tu le sens, le sens de l'histoire ?

D'autres vont bientôt s'ajouter à la liste : Écosse, Flandre, Wallonie, Irlande du Nord, Catalogne...

[Les États occidentaux], *ces agrégations factices [...] se trouveront paisiblement décomposées en nationalités libres et durables.*[210]

210. Auguste Comte (1854) *Système de politique positive. Vol. IV.* Carilian-Goeury et Dalmont. p. 305.

	Pays	Indice démocratique	Catégorie	Population
1	Norvège	9,75	Démocratie à part entière	5,4 M
2	Nouvelle-Zélande	9,37	Démocratie à part entière	4,9 M
3	Finlande	9,27	Démocratie à part entière	5,5 M
4	Suède	9,26	Démocratie à part entière	10,5 M
5	Islande	9,18	Démocratie à part entière	0,4 M
6	Danemark	9,09	Démocratie à part entière	5,9 M
7	Irlande	9,00	Démocratie à part entière	5,0 M
8	Taïwan	8,99	Démocratie à part entière	23,5 M
9	Australie	8,90	Démocratie à part entière	26,5 M
10	Suisse	8,90	Démocratie à part entière	8,7 M
…				
22	France	7,99	Démocratie imparfaite	68,0 M
…				
24	Espagne	7,94	Démocratie imparfaite	47,0 M
…				
26	États-Unis (plus riche)	7,85	Démocratie imparfaite	331,4 M
…				
124	Russie (plus vaste)	3,24	Régime autoritaire	146,1 M
…				
167	Afghanistan (dernier)	0,32	Régime autoritaire	37,4 M

Classement 2021, Economist Intelligence Unit – Royaume-Uni.

Courte digression post-coloniale

Trois des dix derniers pays du précédent classement : le Laos n° 159, le Tchad n° 160 et la République centrafricaine n° 162, sont d'anciennes colonies françaises.

Heureusement, la France est *une grande nation civilisatrice* qui a joué *un rôle positif outre-mer.*

Les individus émancipés, politiquement égaux, se sont trouvés, dans des nations comptant des dizaines, voire des centaines de millions de ressortissants, trop nombreux pour être gouvernés autrement que selon des données statistiques. Les administrateurs, à quelque niveau qu'ils se situent, peuvent se souvenir, par éclairs, qu'ils ont affaire à des êtres humains : le reste du temps ils gèrent des masses, des flux, des stocks. C'est dans cette mentalité systémique propagée par les grands nombres que Hannah Arendt a trouvé les conditions de ce qu'elle a appelé « La banalité du mal ». [211]

Les petits États sont un pilier fondamental du multilatéralisme et des valeurs de la Charte [des Nations Unies][212].

211. Rey, *op. cit.* p. 186-187.

212. Antonio Guterres (7 novembre 2019) *Discours au Forum de Paris sur la paix*. ONU.

	Pays	Indice de pacifisme	Population
1	Islande	1,107	0,4 M
2	Nouvelle-Zélande	1,269	4,9 M
3	Irlande	1,288	5,0 M
4	Danemark	1,296	5,9 M
5	Autriche	1,300	8,9 M
6	Portugal	1,301	10,3 M
7	Slovénie	1,316	2,1 M
8	République tchèque	1,318	10,7 M
9	Singapour	1,321	6,2 M
10	Suisse	1,357	8,7 M
…			
29	Espagne	1,603	47,0 M
…			
65	France	1,895	68,0 M
…			
129	États-Unis (plus riche)	2,440	331,4 M
…			
160	Russie (plus vaste)	3,275	146,1 M
…			
162	Irak (dernier)	3,487	38,9 M

Synthèse des rapports de 2008 à 2019, Centre for Peace and Conflict Studies, Université de Sydney.

	Pays	Indice de perception de la corruption	Population
1	Danemark	90	5,9 M
2	Finlande	87	5,5 M
3	Nouvelle-Zélande	87	4,9 M
4	Norvège	84	5,4 M
5	Singapour	83	6,2 M
6	Suède	83	10,5 M
7	Suisse	82	8,7 M
8	Pays-Bas	80	17,5 M
9	Allemagne	79	84,0 M
10	Irlande	77	5,0 M
…			
21	France	72	68,0 M
…			
24	États-Unis (plus riche)	69	331,4 M
…			
38	Espagne	60	47,0 M
…			
137	Russie (plus vaste)	28	146,1 M
…			
189	Somalie (dernier)	12	17,0 M

Classement 2022, Transparency International.

– Neuf des dix pays les plus écologiquement performants comptent moins de 11 millions d'habitants. Trois d'entre eux sont scandinaves.

– Huit des dix premières démocraties pleines et entières comptent moins de 11 millions d'habitants. Quatre d'entre elles sont scandinaves.

– Les dix pays les plus pacifiques du monde comptent moins de 11 millions d'habitants. Et seulement deux d'entre eux sont scandinaves, c'est presque décevant.

– Huit des dix pays les moins corrompus du monde comptent moins de 11 millions d'habitants. Et trois d'entre eux sont scandinaves.

Le 7 juin 1905, suite à un référendum, la Norvège coupe ses liens avec la Suède (5 M d'habitants à l'époque) et devient indépendante. Ce jour-là, pas un papé n'a pris du gourdin sur le carafon en quittant l'isoloir.

En décembre 1917, un siècle tout rond avant celui de Catalogne, le parlement finlandais vote l'indépendance du pays et coupe ses liens avec la Russie. Et les bolcheviks n'émettent aucune d'objection puisque ces facétieux zélateurs de la dictature prolétarienne reconnaissent, eux, le droit des peuples à disposer d'eux-mêmes.

Le 17 juin 1944, suite à un référendum, l'Islande coupe ses liens avec le Danemark (4 M d'habitants à l'époque) et devient indépendante. Ce jour-là, la police danoise n'a dérobé ni urnes ni bulletins, et un cocker autogestionnaire a repris trois fois des karjalanpiirakka.

Rappel :
La Catalogne compte 8 millions d'habitants.
La France : 68 millions.
L'Espagne : 47 millions.

4. Cernés

Ma *iaia* Rosa s'est trouvée enceinte de ma mère en juillet 1936, quand la guerre civile a commencé. À cette époque, elle avait quitté Torroella de Montgri, son village de naissance sur la Costa Brava, pour s'installer avec mon grand-père à Cantallops, un bled encore plus petit et paumé dans la montagne, à quatre kilomètres de la frontière à vol de mouette.

Mon grand-père avait des oliviers, il fabriquait de l'huile et du savon qu'il vendait à Perpignan, en Catalogne du Nord. Minot, la *iaia* m'a dit un truc comme ça : *C'était dur de quitter Cantallops, mais je ne voulais pas que mon enfant naisse dans un pays en guerre... Et puis de toute manière, ensuite, Franco a gagné...* Alors mes grands-parents ont passé la frontière qui balafre la Catalogne, se sont installés à Perpignan et y sont restés. C'est là que ma mère est née en mars 37... Et la France est entrée en guerre moins de trois ans plus tard. Qu'est-ce qu'on se marre...

En 2008, l'Espagne a décidé que mes grands-parents étaient des réfugiés, comme beaucoup d'autres qui ont passé la frontière à cette période (et surtout après, pendant *la Retirada*). Ce nouveau statut m'a permis de demander la nationalité espagnole. Je ne sais pas trop pourquoi je l'ai fait... Simplement parce que c'était possible, je suppose.

Le Front national, prédécesseur du Rassemblement pareil, a été créé en 1972 par le tortionnaire[213] Jean-Marie Le Pen et Pierre Bousquet, *Waffen-SS* de la division Karl von... pardon : de la division Charlemagne[214] (Bousquet n'a effectué que deux ans de prison à la libération).

Le Rassemblement national, c'est ce parti dont les membres et sûrement les électeurs sont :

– Persuadés que Charles Martel ne s'appelait pas Karl von Herstal, qu'il était français et qu'il a arrêté les Arabes à Poitiers, sauvant ainsi la France, l'Europe, la Chrétienté et le monde.

---

213. Pierre Vidal-Naquet (1972) *La torture dans la République*. Les Éditions de Minuit. pp. 72, 86.

214. *Französische SS Freiwilligen-Sturmbrigade*, dite : division Charlemagne. Brigade d'assaut composée de volontaires français engagés dans l'armée du Troisième Reich.

– Persuadés que Charlemagne ne s'appelait pas Karl von Herstal non plus, d'ailleurs son prénom c'était Charles, et son nom de famille : Magne. Et, bien sûr, il était Français.

– Persuadés que Vercingétorix, c'était Rocco Siffredi avec des moustaches.

En 2021, j'ai dû renouveler mon passeport espagnol. Un jour de février, bleu, froid et lumineux, je me suis donc rendu au consulat, à Perpignan. L'année précédente, Louis Aliot, cadre du Rassemblement National, y gagnait les municipales...

Le matin de ce jour-là, je traînais à Girona pour une raison inintelligible aux cuistres qui n'apprécient pas le charme extravagant de la saucisse sucrée et parfumée d'aromates qui sublime les tables au nord de la Catalogne du Sud.

Emplettes faites, avec ma tante Hortense nous avons repris le train. Et parcouru un morceau de la Catalogne occupé par l'Espagne. (Annonces dans le TGV : castillan, français, anglais.) Puis un bout de celle envahie par la France, jusqu'à une ville dirigée par un hexagonaliste d'extrême droite. (Annonces en gare de Perpignan : français, castillan.) Et ce pour me rendre dans un bâtiment sur lequel flottait le drapeau de la monarchie national-catholique espagnole...

Dans cette ville colonisée, francisée, j'ai sonné à la royale porte consulaire. Et la conscience aiguë de mon indigénat a perforé ma bonhomie naturelle comme un lourd estoc une bulle de savon. Que font chez moi ces gens avec leurs drapeaux ?... Tata a dit : *Bien sûr qu'ils ont des fusils.* J'ai décidé d'écrire ce livre.

Nous, les Catalans, on est coincés entre une république jacobine ethnocidaire et une monarchie national-catholique illégitime.

La République française et le Royaume d'Espagne.
Je suis Catalan. Voilà les maux dont je me soigne.

Références média

N° 21 : Susan M. Adams, Elena Bosch (2008) *The Genetic Legacy of Religious Diversity and Intolerance : Paternal Lineages of Christians, Jews, and Muslims in the Iberian Peninsula*. American Journal of Human Genetics.
https://www.cell.com/ajhg/fulltext/S0002-9297(08)00592-2

N° 33 : Carles Fernandez-Torne et Pablo Ouziel (5 décembre 2022) *Démocratiser et décoloniser l'Espagne : les limites de la nouvelle loi sur la mémoire*. Justiceinfo.net
https://www.justiceinfo.net/fr/109786-democratiser-decoloniser-espagne-limites-nouvelle-loi-memoire.html

N° 78 : Allocution télévisée de Francisco Franco (FM) le 30 décembre 1969.

https://www.youtube.com/watch?v=xoJE6Na06Y0

N° 81 : Ronan Farrow (25 avril 2022) *How Democracies Spy on Their Citizens*. New-Yorker.

https://www.newyorker.com/magazine/2022/04/25/how-democracies-spy-on-their-citizens

N° 86 : Michel Feltin-Palas (28 mars 2012) *Interview de Claude Hagège. Claude Hagège : « Imposer sa langue, c'est imposer sa pensée »*. L'Express.

https://www.lexpress.fr/culture/livre/claude-hagege-imposer-sa-langue-c-est-imposer-sa-pensee_1098440.html

N° 88 : Michel Feltin-Palas (30 juin 2020) *Le français est-il la langue de la liberté ?* L'Express.

https://www.lexpress.fr/culture/le-francais-est-il-la-langue-de-la-liberte_2129456.html

Nº 89 : Jean-Marie Rouart (8 juin 2021) *Le club des idées*. Europe 1.

https://www.europe1.fr/emissions/le-debat-du-jour/faut-il-interdire-les-ecoles-en-langue-regionale-4050630

Nº 94 : Philippe Blanchet (22 novembre 2020) *Glottophobie : comment le français « sans accent » est devenu la norme*. France culture.

https://www.radiofrance.fr/franceculture/glottophobie-comment-le-francais-sans-accent-est-devenu-la-norme-5938148

Nº 97 :

– Pierre Wincent (27 février 2015) *Les Noirs dans le cinéma hollywoodien, éternels seconds couteaux*. profondeurdechamp.com.

https://profondeurdechamps.com/2015/02/27/les-noirs-dans-le-cinema-hollywoodien-eternels-seconds-couteaux/

– Mélanie Wanga, Kévi Donat & François Oulac (28 juin 2017) *Noir is the new black : le Noir meurt en premier*. arteradio.com.

https://www.arteradio.com/son/61658943/noir_new_black_juin_17_le_noir_meurt_en_premier

N° 99 : Nadine Morano (21 juin 2012) *C à vous*. France 5.
https://www.dailymotion.com/video/xwt73r

N° 102 : Henri Jean-Baptiste Grégoire (4 juin 1794) *Rapport sur la nécessité et les moyens d'anéantir le patois* sur le site de l'Assemblée nationale :
https://www2.assemblee-nationale.fr/decouvrir-l-assemblee/histoire/grands-discours-parlementaires/l-abbe-gregoire-4-juin-1794

N° 103 : Henri Jean-Baptiste Grégoire (4 juin 1794) *Rapport sur la nécessité et les moyens d'anéantir le patois* sur le site occitanica.fr :
http://www.occitanica.fr/items/show/5129

N° 117 : Michel Rocard (27 octobre 2005) Entretien classé confidentiel avec Craig Roberts Stapleton, ambassadeur des États-Unis à Paris. WikiLeaks.
http://wikileaks.fdn.fr/cable/2005/10/05PARIS7360.html

N° 121 : Gay J. McDougall (2007) *Rapport de l'experte indépendante sur les questions relatives aux minorités / Additif Mission en France*. ONU.
https://digitallibrary.un.org/record/622672?ln=fr

N° 125 : Michel Feltin-Palas (12 août 2021) *Argent, culture, services publics... Les Parisiens sont-ils vraiment privilégiés ?* (L'Express).
https://www.lexpress.fr/culture/enquete-argent-culture-services-publics-les-parisiens-sont-ils-vraiment-privilegies_2153343.html

N° 139 : Michel Feltin-Palas (25 mai 2021) *La France veut-elle vraiment tuer ses langues régionales ?* L'Express.
https://www.lexpress.fr/culture/la-france-veut-elle-vraiment-tuer-ses-langues-regionales_2151417.html

N° 143 : Jean-Michel Aphatie (05 avril 2018) dans l'article de Michel Feltin-Palas : *Cachez cet accent...* L'Express.
https://www.lexpress.fr/societe/ton-accent-c-est-une-veritable-maladie_1997024.html

N° 144 : Pascal Doucet-Bon (6 avril 2017) *Et là, c'est le drame.* Arte Radio.

https://www.arteradio.com/son/61658634/et_la_c_est_le_drame

N° 144 : Marine Le Pen (7 novembre 2018) *Quatre gats.* TV3.
https://www.ccma.cat/tv3/alacarta/quatre-gats/marine-le-pen/video/5800776/

N° 147 : Jean-Luc Mélenchon (26 février 2012) *Conférence de presse à Montpellier.*
https://www.dailymotion.com/video/xooz0x

N° 174 : Bruno Tur (1er décembre 2011) *La famille Franco se porte bien, merci.* Slate.fr.

https://www.slate.fr/story/46933/franco-famille-espagne

N° 175 : Édouard de Blaye (06 novembre 1975) *Portrait de Juan Carlos.* Société Suisse de Radiodiffusion et Télévision / INA.
https://www.ina.fr/ina-eclaire-actu/video/caa7501497301/portrait-juan-carlos

N° 181 : Luis Guillermo Pérez (24 mai 2014) *Le Voyage de la Justice.* Article sur le site de la Fédération Internationale pour les Droits Humains.

https://www.fidh.org/fr/themes/justice-internationale/15948-le-voyage-de-la-justice-par-luis-guillermo-perez

N° 183 : Pablo Iglesias (11 septembre 2022) *Pablo Iglesias : « Des politiques s'appuient sur les pans conservateurs de la justice pour freiner la gauche », Entretien avec Ludovic Lamant.* Médiapart.

https://www.mediapart.fr/journal/international/110922/pablo-iglesias-des-politiques-s-appuient-sur-les-pans-conservateurs-de-la-justice-pour-freiner-la-g

N° 184 : Enoch Alberti (2007) *Le nouveau statut d'autonomie de la Catalogne.* Revue française d'administration publique / Institut national du service public.

https://www.cairn.info/revue-francaise-d-administration-publique-2007-1-page-145.htm

N° 201 : Federico Jiménez Losantos (5 avril 2018) *Losantos : « En Baviera pueden comenzar a estallar cervecerías »*. El nacional.
https://www.youtube.com/watch?v=58WZG5WCD8s

N° 202 : Audition de MC McGrath au Parlement britannique :
https://committees.parliament.uk/writtenevidence/88837/html/

N° 203 : Albano Dante Fachin (04 février 2023) Informe octuvre : El País, Twitter i la pregunta que no va fer TV3. Octuvre.cat.
https://www.youtube.com/watch?v=D8pc7iK9Ndc

Remerciements

Un grand merci à Anne-Sophie Pelletier, Véronique Chouraqui, José Alcala, Robert Posnic, Philippe Briand-Seurat, Emma et Alice Combet, et Wikipédia.

Table des matières

Troisième partie

Esquisse flatteuse de la très démocratique Monarchie national-catholique espagnole

Quatrième partie

Ce qu'en pense tata Hortense

Dans la même collection

Je suis breton mais je me soigne,
Yann Lukas, dessins de Nono

•

Je suis alsacien mais je me soigne,
Pierre Kretz, dessins de Yannick Lefrançois

•

Je suis normand mais je me soigne,
Jean-Jacques Lerosier,
dessins d'Emmanuel Chaunu

•

Je suis ch'ti mais je me soigne,
Bernard Leconte,
dessins de Jean-Michel Delambre

•

Je suis parisien mais je me soigne,
Alain Paucard, dessins de Philippe Dumas

•

Je suis angevin mais je me soigne,
Michel Pateau, dessins de Jacques Boutry

•

Je suis picard mais je me soigne,
Philippe Lacoche, dessins d'Alex

•

Je suis bourguignon mais je me soigne,
Jacques Boucaud, dessins de Dubouillon

ÉDITIONS
Héliopoles

Directeur des éditions
Christophe Brunet

Directrice
Zoé Leroy

Directeur de la collection
Yann Lukas

Dessins © Jaume Gubianas

Héliopoles

22, rue des Taillandiers 75011 Paris
www.heliopoles.fr

Achevé d'imprimer en juin 2023
sur les presses de la Nouvelle Imprimerie Laballery, Clamecy
N° d'impression : 305371

Imprimé en France

La Nouvelle Imprimerie Laballery est titulaire de la marque Imprim'Vert®